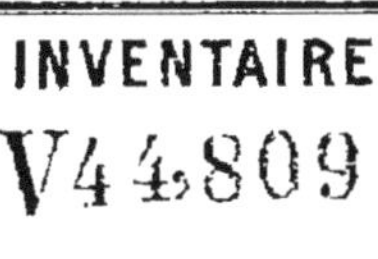

ÉLÉMENTS

DE

L'ACOUSTIQUE MUSICALE

REPOSANT SUR

LES CAPACITÉS ESTHÉTIQUES DE L'OUIE ANTÉRIEURES

ET SUPÉRIEURES AUX SYSTÈMES DE MUSIQUE

PAR

J. LESFAURIS

Les systèmes de musique ne sont que des
manifestations plus ou moins satisfaisantes des capacités esthétiques de l'ouïe.

PARIS

E. DENTU, LIBRAIRE-ÉDITEUR

GALERIE D'ORLÉANS, 17, 19, PALAIS-ROYAL

1867

ÉLÉMENTS

DE L'ACOUSTIQUE MUSICALE

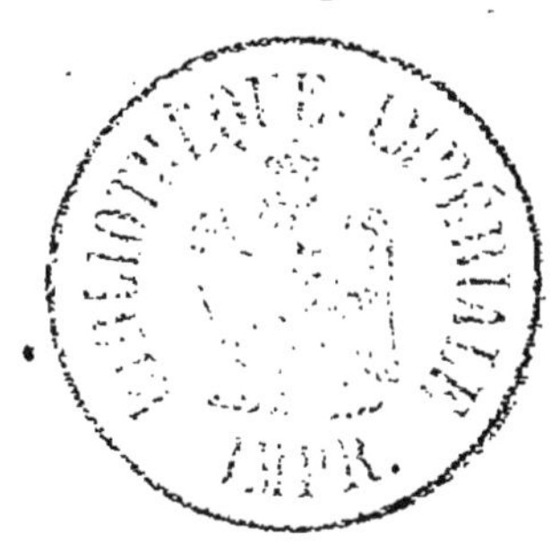

PARIS. — IMP. VICTOR GOUPY, RUE GARANCIÈRE, 5.

ÉLÉMENTS

DE

L'ACOUSTIQUE MUSICALE

REPOSANT SUR

LES CAPACITÉS ESTHÉTIQUES DE L'OUIE ANTÉRIEURES

ET SUPÉRIEURES AUX SYSTÈMES DE MUSIQUE

PAR

J. LESFAURIS

Les systèmes de musique ne sont que des
manifestations plus ou moins satisfaisantes des capacités esthétiques de l'ouie.

PARIS

E. DENTU, LIBRAIRE-ÉDITEUR

GALERIE D'ORLÉANS, 17, 19, PALAIS-ROYAL

1867

ÉLÉMENTS

DE

L'ACOUSTIQUE MUSICALE

INTRODUCTION A L'ACOUSTIQUE MUSICALE

L'acoustique est la science du son ; mais la science s'occupe du son à divers points de vue : ainsi, le physicien s'occupe du son musical et non musical dans ses rapports avec les lois de la physique ; le médecin, par l'auscultation et la percussion, s'occupe du son dans ses rapports avec la santé et la maladie, etc.... L'acoustique musicale, science nouvelle, s'occupe du son musical dans ses rapports avec l'esthétique ; c'est la science du son au point de vue de l'art et du beau, science reposant sur les capacités esthétiques de l'ouïe.

De la simple analyse du son musical au point de vue de l'art, surgit une science immense, science à créer, embrassant l'art musical tout entier : musique, instruments de musique et local propre à la musique.

Il doit paraître étonnant d'annoncer une science nouvelle, après les travaux importants existant en acoustique; mais l'étonnement cesse dès qu'on réfléchit que les physiciens, si éminents qu'ils soient, n'ont pu s'occuper du son musical qu'au point de vue de la physique, avec les données de la physique, données d'un autre ordre que celles de l'esthétique.

Les traités de physique contiennent, il est vrai, une théorie physico-musicale de la gamme; mais cette théorie, introduite empiriquement dans les traités, n'est pas sérieuse, rien n'en démontre la nécessité; il n'y a, du reste, qu'à citer l'un des traités de physique les plus répandus, pour se convaincre bien vite que les données de la physique sont insuffisantes pour établir scientifiquement une théorie physico-musicale quelconque, la nature des choses s'y oppose.

« L'acoustique, dit M. Pouillet, a pour objet de déterminer les lois suivant lesquelles le son se produit dans les corps et se transmet ensuite jusqu'à nos organes. Cette science est du ressort de la physique, parce que les corps, tandis qu'ils retentissent et qu'ils produisent du bruit ou du son, éprouvent dans leur masse des modifications remarquables tout à fait dépendantes des forces physiques qui les constituent. Nous verrons qu'ils sont ébranlés, etc., etc.

« Pour prendre une première idée du nombre et de la variété des phénomènes que l'acoustique embrasse, il suffit, etc., etc. — Ainsi, l'acoustique prend le son à sa naissance; elle constate, pour ainsi dire, le mouvement de toutes les molécules du corps qui les produit; elle montre comment il se communique à l'air, comment il en traverse la masse, et comment il vient, enfin, ébranler les membranes extérieures de notre organe. Là, la science est à son terme; dès que le nerf acoustique est frappé, il n'y a plus de traces perceptibles de modifications matérielles, et par conséquent plus de phénomènes physiques.

« Ces notions générales font assez voir en quoi l'acoustique diffère de la musique; la première de ces sciences considère le son *hors de nous*, et des sensations qu'il peut produire; la seconde le considère en nous dans les émotions qu'il peut faire naître, dans le sentiment ou dans les passions qu'il peut exciter ou modifier. » (Pouillet, tome II, page 48. — 4e édition.)

Seulement il y a ici confusion de la part de l'éminent physicien : à la place du mot musique, lisez acoustique musicale, et ajoutez : la première de ces sciences considère le son *hors nous*, et des sensations qu'il peut produire; la seconde considère le son *en nous* au point de vue de l'art et au point de vue du beau. C'est le trait d'union entre l'acoustique physique et la musique.

L'acoustique musicale, science nouvelle, commence donc au point précis où s'arrête l'acoustique des traités de physique, c'est-à-dire dès que le nerf acoustique est frappé, elle s'occupe du son *en nous* par rapport à nous, et repose nécessairement sur des capacités esthétiques de l'ouïe qu'il fallait découvrir. Si ces capacités esthétiques n'existaient pas, comment la musique pourrait-elle faire naître les émotions, les sentiments, exciter ou modifier les passions !

CHAPITRE A

Définition du son musical d'après les capacités esthétiques de l'ouïe.

Le premier soin de l'acoustique musicale est évidemment d'expliquer en quoi le son musical diffère des bruits et sons divers.

Le son est musical, quel que soit le mode de production, dès que l'ouïe peut suffisamment apprécier son degré d'acuité ou de gravité (intonation), pour le classer dans une échelle de sons. A mesure que l'intonation est moins appréciable pour l'ouïe, le son perd sa qualité musicale et se rapproche des bruits et des sons vulgaires.

Des chocs identiques suffisent pour permettre à l'ouïe d'apprécier le degré d'acuité ou de gravité, dès que ces chocs ont un degré de vitesse convenable pour se transformer en un son unique, une sensation unique, absolument comme une suite de points très-rapprochés se transforment pour l'œil en une ligne. Cette sensation composée et nouvelle, qui résulte des sensations élémentaires qu'on ne peut plus distinguer les unes des autres, permet à l'ouïe d'apprécier le degré d'acuité ou de gravité du son.

S'agit-il du son musical produit par des tuyaux, l'air en mouvement avec un degré de vitesse con-

convenable, rencontrant un orifice étroit, produit le son musical.

Les divers autres modes de production du son musical, par des cordes pincées, des tiges, des archets, des anches, des embouchures, la percussion, etc., rentrent pour ainsi dire dans les deux exemples qui précèdent, en ce sens que c'est toujours un corps en mouvement dans l'air (nous n'avons pas à nous occuper des autres milieux susceptibles de produire le son musical), qui produit le son musical ou bien l'air lui-même en mouvement.

Le mouvement est répandu dans la nature, c'est la vie de *ce qui est*; et bien que tout mouvement matériel n'apporte pas un son à l'oreille, partout où il y a un son produit, il y a nécessairement mouvement : le son n'est donc autre chose que le *mouvement perçu par l'ouïe*. Le sens de l'ouïe ne perçoit ni les corps, ni la forme, ni la couleur, etc., etc.; il faut pourtant bien que ce sens perçoive quelque chose de sensible, et ce quelque chose, c'est le mouvement; et lorsque le mouvement se produit dans certaines conditions, le son est musical.

Ces conditions, nous l'avons vu, s'il s'agit de chocs, il faut qu'ils soient identiques et assez rapides pour ne produire qu'une sensation unique, continue. S'agit-il de tuyaux, la forme est nécessaire pour que le son produit soit la résultante de toutes les parties du tuyau. En dehors de ces conditions, le son pourrait, à la rigueur, être à peu près musical, mais de qualité inférieure, si j'ose m'exprimer ainsi, se rapprochant plus ou moins des bruits et des sons vulgaires.

La corde pincée nous offre du reste un exemple réunissant les deux conditions d'identité et de forme : en effet, par ses vibrations, la corde choquant l'air à droite et à gauche du point de tension imprime pour ainsi dire à chaque choc (oscillation) sa forme dans l'air, et le son musical surgit ici des vibrations (chocs rapides et identiques), et ces vibrations sont produites par un corps ayant une forme.

CHAPITRE **II**

Définition de l'intervalle musical d'après les capacités esthétiques de l'ouïe.

Nous avons vu que le son est musical dès que l'oreille peut suffisamment en apprécier l'acuité ou la gravité, pour le classer dans une échelle de sons.

S'il y a deux sons produits simultanément ou successivement, l'ouïe perçoit trois choses : l'acuité ou intonation de chacun des deux sons, et la différence ; cette différence est ce qu'on nomme *intervalle* en musique ; et, par exemple, toutes choses égales d'ailleurs, deux sons faisant dans le même temps un nombre de vibrations représenté par 1 et 2 sont à l'intervalle d'octave ; deux vibrations contre trois produisent l'intervalle de quinte ; trois vibrations contre quatre, l'intervalle de quatre ; quatre contre cinq, l'intervalle de tierce majeure, etc., etc.

L'intervalle musical n'est tout bonnement qu'un rapport numérique perçu par l'ouïe ; et comme le rapport numérique perçu par l'ouïe est en même temps sous nos yeux, il sera facile de constater si la convenance ou disconvenance des sons dépend réellement de la simplicité des rapports.

Les mots *intervalle* et *rapport* sont synonymes et désignent la même chose perçue par deux sens ; le

1.

rapport numérique perçu par le sens de l'ouïe s'appelle intervalle ; le même rapport sous nos yeux s'appelle tout uniment rapport.

L'intervalle étant la base de l'acoustique musicale, il est très-important de s'en faire une idée exacte, et, par exemple, ne jamais oublier que dans les sons musicaux il y a un côté variable à l'infini et un côté invariable ; le côté invariable des sons c'est l'intervalle. En effet, partout et toujours, toutes choses égales d'ailleurs, deux sons dont les vibrations, par exemple, sont dans les rapports de 1 à 2, 2 à 4, 4 à 8, 8 à 16, etc., etc., sont à l'intervalle d'octave. Toutes ces octaves répétant la même chose à un degré de plus en plus aigu de l'échelle, il en résulte que l'acuité absolue des sons varie ; elle va en augmentant vers l'aigu, mais le rapport reste invariablement le même pour l'oreille entre 1 à 2, 2 à 4, 4 à 8, etc., etc.

C'est donc l'élément invariable des sons musicaux, c'est-à-dire l'intervalle, qui est la base rationnelle, logique de la science du son musical, et non l'acuité absolue variable à l'infini ; car, Platon l'a dit, la science repose sur l'invariable des choses, il n'y a pas de science de ce qui passe ; aussi la théorie de la gamme contenue dans les traités de physique ne saurait-elle être sérieuse, elle repose sur le côté variable des choses, je veux dire l'acuité absolue des sons.

D'ailleurs, le son musical, considéré isolément, n'a pas de valeur, de signification pour l'art ; c'est par la comparaison, le rapport, ou plus exactement sa relation avec d'autres sons qu'il intéresse l'art.

Chacun comprend en effet, qu'avec des sons isolés et sans relation, il n'y aurait pas de musique possible.

CHAPITRE C

**Décomposition du son musical d'après les capacités
esthétiques de l'ouïe.**

Cette découverte pourtant bien simple, que l'intervalle musical est l'élément invariable et conséquemment scientifique du son musical, va nous permettre de tirer d'un phénomène observé par les physiciens, les conséquences importantes qui s'y trouvent.

Les physiciens ont constaté qu'une corde, convenablement disposée, produit simultanément un son fondamental, c'est le plus grave, et d'autres sons très-faibles dits harmoniques à l'octave, douzième, double octave, et dix-septième du son principal. C'est-à-dire que dans le même temps ils font $1, 2, 3, 4, 5$ vibrations.

Nous avons vu, dans le chapitre précédent, que le son qui fait une vibration pendant que l'autre en fait deux, est à l'intervalle d'octave; celui qui en fait deux contre trois, est à l'intervalle de quinte; trois contre quatre, c'est l'intervalle de quarte; quatre contre cinq, l'intervalle de tierce majeure.

Nous avons ainsi, d'après les physiciens, les quatre intervalles d'octave, quinte, quarte, tierce majeure, directement produits dans l'expérience. Ces intervalles dans les rapports les plus simples avec le son fondamental, représenté par les chiffres $1, 2, 4$ (2 et

4 n'étant que la répétition du son fondamental à un degré plus aigu de l'échelle), se fondent dans une harmonieuse unité.

D'autres intervalles de plus en plus petits sont probablement produits confusément, et dès lors inappréciables directement par l'ouïe. Voulons-nous connaître ces intervalles, rien n'est plus aisé, nous n'avons qu'à compléter les indications de l'expérience et de décomposer la quinte[1] en deux tierces majeure mineure (rapport 4 à 5 et 5 à 6).

L'intervalle de tierce majeure, en deux secondes; l'intervalle de seconde, en deux demi-tons; l'intervalle de demi-ton en deux quarts de tons, etc., et nous aurons la série suivante d'intervalles:

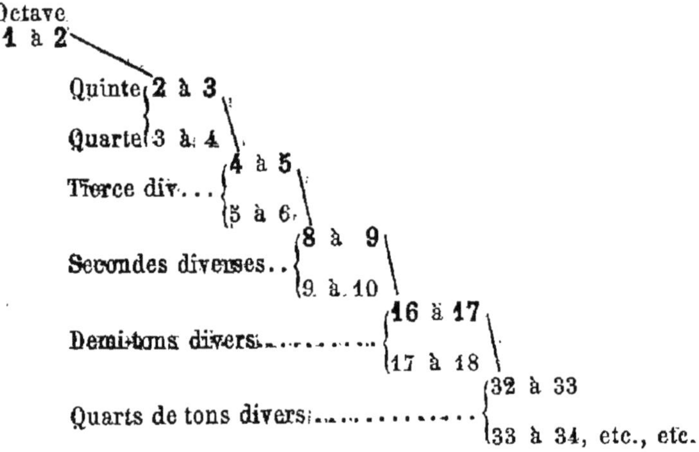

1. La quarte n'est que le renversement de la quinte, c'est donc la quinte qu'il faut décomposer; du reste le rapport 4 à 5 produit directement par la corde suffirait pour faire cesser toute ésitation.

Série provenant de la décomposition du rayon sonore dans *l'unité :* 2, 4, 8, 16, 32, n'étant que les octaves, c'est-à-dire les redoublements du son fondamental, que nous supposons faire un nombre de vibrations représenté par 1 (unité, c'est à la fois identité, variété de rapports et simplicité).

Et cette série, tous les rapports étant contenus entre 1 et 2, contient nécessairement les intervalles de tous les systèmes de musique, anciens ou modernes, à moins de supposer l'absurde, je veux dire des systèmes de musique avec des sons pris au hasard et sans relation.

———

CHAPITRE D

Convenance ou disconvenance des sons d'après les capacités esthétiques de l'ouïe.

D'après l'analyse qui précède, le son musical peut être considéré comme la résultante d'une infinité de sons dit harmoniques ; ou bien encore peut-on considérer les harmoniques comme engendrés par le son principal. Toujours est-il que les harmoniques forment en quelque sorte une famille de sons dans des rapports invariables avec le son principal.

Rapports de deux espèces : les uns *consonnants*, puisqu'ils sont produits simultanément avec le son fondamental, ils sonnent avec lui et se fondent dans une harmonieuse unité ; ce sont leurs rapports simples 1, 2, 3, 4, 5 (intervalles d'octave, quinte, quarte, double octave et tierce majeure).

Les autres, *non consonnants*, comme 8 à 9, 16 à 17, etc., etc., puisqu'ils ne sonnent pas avec le son fondamental.

L'intervalle musical, avons-nous dit, chapitre B, est un rapport perçu par l'ouïe. Ici nous ajoutons que l'ouïe ne perçoit pas, si le rapport est simple ou plus ou moins composé, mais s'il est consonnant ou non consonnant : l'intervalle consonnant produit sur 'ouïe un impression de *repos* plus ou moins

complet. L'intervalle non consonnant, appelé dissonant, produit une impression de *non-repos* ou mouvement, l'ouïe exige, attend une suite.

L'intervalle consonnant produit l'impression de
repos, pourquoi ? Parce qu'il concourt à la formation
du son fondamental, il sonne avec lui [1], il est conséquemment dans l'union la plus intime avec le son
fondamental ; il y a à la fois simplicité de rapport et
consonnance.

L'intervalle non consonnant est aussi dans des
rapports simples avec le son fondamental, mais l'un
des termes du rapport est consonnant, l'autre ne
l'est pas ; l'oreille n'est pas satisfaite, elle désire une
union plus intime ; de là l'impression de non-repos.
Ces impressions de repos et de mouvement, ou non-
repos (convenance et disconvenance des sons), sont
la condition essentielle de l'art. L'intervalle disson-
nant n'est pas, comme le mot pourrait le faire
supposer, désagréable, ni moins utile que l'intervalle
consonnant ; le dissonant fait valoir et désirer le consonnant ; sans les intervalles dissonants l'attraction
des sons n'existerait pas. Cette attraction et répulsion
(convenance et disconvenance) fait le charme de
l'ouïe.

Au contraire l'intervalle faux, qu'il ne faut pas
confondre avec l'intervalle dissonant, produit une
impression désagréable qui blesse l'oreille, il n'est

---

1. Pourquoi sonne-t-il avec le son fondamental ? La réponse
exigerait des explications se rattachant à la forme du corps
onore, et nous n'avons à nous occuper ici que du son musical
en *nous* par rapport à nous.

ni consonnant ni dissonant, il est faux. Pourquoi? Il est faux, non parce que le rapport est plus ou moins composé, mais parce qu'il n'y a pas de rapport pour l'ouïe, ou bien que les rapports sont faux; nous avons vu en effet qu'une corde étant donnée produit un son fondamental X et ses harmoniques. C'est en quelque sorte une famille de sons dans des rapports invariables, non-seulement avec le son fondamental, mais les membres de la famille sont aussi entre eux dans des rapports invariables.

En dehors des rapports dans ces conditions, il n'y a que des rapports faux pour l'ouïe, rapports par conséquent qui blessent l'oreille.

— La relation merveilleuse des sons (convenance et disconvenance des sons) est antérieure et supérieure aux systèmes de musique, car elle a sa raison d'être *en nous* dans les capacités esthétiques de l'ouïe, capacités plus ou moins développées individuellement, mais existant en germe chez tous les hommes, différemment la musique n'aurait pas sa raison d'être. Comment, en effet, nous l'avons déjà dit, les sons pourraient-ils faire naître les sensations, exciter ou modifier les sentiments, comme dit M. Pouillet, au passage cité de son *Traité de physique*, si l'ouïe n'avait pas la capacité d'apprécier la convenance ou disconvenance des sons?...

Cette capacité en germe chez tous les hommes, étant suffisamment fécondée par l'exercice, on est apte, si l'on a du génie, à manifester ses idées, ses sentiments, en employant avec intelligence la relation des sons; et c'est nécessairement l'exception qui est dans ce cas, bien que la capacité d'être impressionné par la relation des sons soit universelle; universelle à la condition toutefois de ne point limiter le mot relation à tel ou tel système de musique, mais à la musique ou plastique de l'ouïe, c'est-à-dire à toute relation perçue par l'ouïe, soit au point de vue de la durée des sons ou de l'intonation, dans la musique qui s'écrit avec des signes spéciaux comme dans la musique qui n'a pas de signes spéciaux, musique des vers, de la prose, etc., etc...

A ce compte, à moins d'être sourd ou d'une nature réellement inférieure, il n'est guère possible d'admettre l'incapacité absolue de l'ouïe, d'être impressionné par la relation des sons, alors que même les animaux, nous l'expliquerons plus loin, sont impressionnés par le rhythme musical.

CHAPITRE E

Les éléments de l'acoustique musicale reposent sur les capacités esthétiques de l'ouïe qu'il fallait découvrir.

Les éléments de l'acoustique musicale, au point de vue de l'art, sont contenus dans les quatre chapitres qui précèdent.

En quoi consiste donc la science du son musical, au point de vue de l'art? Dans la relation des sons, relation antérieure et supérieure aux systèmes de musique, car elle a sa raison d'être dans les exigences, les capacités esthétiques de l'ouïe, analysées dans ces quatre chapitres.

Au chapitre A, nous avons dit que le son est musical dès que l'ouïe peut apprécier son degré d'acuité ou de gravité, pour le classer dans une échelle de sons. A ce moment, le son musical n'est plus un son ou bruit vulgaire, produisant une sensation inintelligente pour l'ouïe, l'ouïe peut le classer, le comparer à d'autres sons.

Au chapitre B, nous avons dit, après beaucoup d'autres, que l'intervalle est un rapport; nous avons ajouté, *perçu par l'ouïe;* l'ouïe ne voit pas le rapport, elle fait mieux, elle le sent, elle l'entend, et nous avons découvert une chose bien simple, c'est que l'intervalle est l'*élément invariable*, et conséquemment scientifique du son musical.

Cette découverte nous a permis, chapitre C, d'analyser, au point de vue de l'art, un phénomène observé depuis longtemps par les physiciens, et de dégager du phénomène la série d'intervalles de tous les systèmes de musique passés, présents et futurs, c'est-à-dire de décomposer le rayon sonore.

Au chapitre D, nous avons dit : Si l'intervalle est un rapport perçu par l'ouïe; si l'ouïe entend réellement le rapport, il est tout naturel qu'elle juge s'il convient ou s'il ne convient pas, convenance et disconvenance qui se traduit pour le sens de l'ouïe en une impression esthétique de repos ou de non-repos.

Sans la relation des sons, la musique n'aurait pas sa raison d'être; comment, en effet, avec des sons sans relation pour l'ouïe, créer un système de musique quelconque, c'est-à-dire quelque chose d'intelligible pour l'ouïe?

C'est que le son musical diffère essentiellement des sons articulés des idiomes; le son musical est intelligent pour l'ouïe. Il a une signification par *lui-même*, par sa nature, sans convention antérieure. Sa signification consiste à être dans des rapports avec d'autres sons faisant un nombre de vibrations dans le même temps; rapports *perçus par l'ouïe* et conséquemment permettant à l'ouïe de comparer les sons, d'apprécier leur convenance et disconvenance, c'est-à-dire la relation.

Dans un autre travail, nous nous occuperons du son musical au point de vue du beau.

En quoi consiste l'élément du beau du son musical? Dans la vie, l'âme du son musical qui impliquent des capacités esthétiques de l'ouïe d'un autre ordre que celles que nous avons résumées ci-dessus. En outre, pour les éléments de l'art, il nous a suffi d'analyser le son musical, vulgaire, mécanique, produit par la corde pincée. Les éléments du beau exigent un son musical produit avec art, un son, je le répète, ayant une âme.

On le voit, la science du son musical, au point de vue de l'art et au point de vue du beau, repose sur une double capacité de l'ouïe qu'il fallait découvrir. C'est qu'en effet, pour créer une science vraiment nouvelle [1], après les travaux importants des hommes de génie qui se sont occupés d'acoustique, il fallait bien, non pas découvrir une planète dans l'espace,

---

1. Mon travail livré à l'impression, un ami m'adresse la note suivante, copiée textuellement dans un article de M. A. Laugel sur les travaux récents de M. Helmholtz, professeur à l'Université de Heidelberg. (*Revue des Deux Mondes*, 1er mai 1867.)

« Le plus étrange c'est qu'aucun trait d'union n'avait été jeté
« entre l'acoustique et la musique; la science restait stérile,
« l'art n'obéissait qu'aux impulsions d'une esthétique instinctive.
« Quelques grands esprits Pythagore, Képler, Euler, Rousseau,
« d'Alembert, avaient sans doute deviné entre ces choses une
« secrète parenté; mais ces vagues intuitions n'avaient jamais
« abouti à des lois. Les plus savants traités d'harmonie ne sont
« que la collection des règles empiriques consacrées par l'expé-
« rience des siècles.
« Aujourd'hui tous les phénomènes, jusque-là décousus, vien-
« nent de prendre place dans une admirable synthèse. Le pro-
« fesseur de Heidelberg, etc., etc. »

Je place ici cette note uniquement pour constater par le témoi-gnage d'un physicien éminent que l'acoustique correspondant à la musique était réellement une science à créer, malgré les tra-vaux nombreux existant en acoustique.

mais tout près de nous, en nous, il fallait découvrir les capacités esthétiques de l'ouïe.

C'est une révélation du sens de l'ouïe à un point de vue nouveau, la *révélation* n'étant que la découverte de ce qui est en nous. Nous possédons tous à divers degrés ces aptitudes de l'ouïe, puisque tous, à part de rares exceptions, nous distinguons le son musical des sons et bruits vulgaires; et que tous aussi nous distinguons le son produit par le véritable artiste, le son qui a une âme, du son musical mécanique inerte, sans âme. Seulement, nous usons de ces aptitudes esthétiques de l'ouïe sans nous en douter, absolument comme M. Jourdain faisant de la prose sans s'en douter.

Révélation du reste qui n'a rien de bien surprenant, l'ouïe est certainement le sens le moins connu. N'a-t-il pas fallu des siècles pour que Laënec découvrît et appliquât les capacités de l'ouïe au point de vue si important de la santé et de la maladie! Qu'y a-t-il alors d'étonnant que les capacités esthétiques de l'ouïe soupçonnées vaguement par Euler et d'autres aient échappé à Descartes, d'Alembert, etc., etc.?

Que les capacités esthétiques de l'ouïe aient échappé aux acousticiens, aux psychologistes, il n'en est pas moins certain que les systèmes de musique présents, passés et à venir, ne sont et ne seront que la manifestation plus ou moins intelligente, plus ou moins satisfaisante de ces capacités.

S'il en est ainsi, les musiciens de tous les temps, en suivant leur instinct secret, n'ayant pu créer de système de musique contrairement à la nature des choses, les éléments de tous les systèmes, c'est-à-dire les intervalles de tous les systèmes, sont nécessairement contenus dans la série d'intervalles du chapitre C, provenant de la décomposition du rayon sonore; c'est ce que nous allons vérifier, en analysant les éléments du système moderne et du plain-chant.

Après cette vérification, nous verrons comment les éléments de l'acoustique musicale s'appliquent aux propriétés du son musical : durée, timbre, intensité, résonnance, propagation et réflexion, dont nous n'avons pas encore parlé.

FIN DES ÉLÉMENTS DE L'ACOUSTIQUE MUSICALE AU POINT DE VUE DE L'ART.

ÉLÉMENTS DU SYSTÈME MODERNE

CHAPITRE PREMIER

Eléments du système moderne.

L'homme crée l'art, non pas dans le sens rigoureux du mot, ce serait de rien faire quelque chose, mais il crée l'art avec les aptitudes, les capacités dérivant de la nature.

Les systèmes de musique sont l'œuvre d'un long et laborieux enfantement. Le système moderne, par exemple, a subi des modifications successives plus ou moins importantes avant d'arriver au point où il est aujourd'hui.

Si par la pensée nous embrassons tous les systèmes passés, présents et futurs, nous pouvons considérer ces systèmes comme des manifestations plus ou moins satisfaisantes, plus ou moins intelligentes des capacités de l'ouïe, analysées dans les éléments de l'acoustique ; c'est-à-dire que dans chaque système on a employé, avec plus ou moins d'intelligence, les intervalles provenant de la décomposition du rayon sonore, chapitre C ; comme les peintres de tous les temps ont employé les couleurs du prisme, bien avant la découverte de Newton, peintres et musiciens ne pouvant créer l'art contrairement à la nature des choses.

Avant d'aborder les éléments du système moderne, il est utile d'expliquer en quoi consistent les éléments d'un système de musique, sa partie invariable.

Les éléments d'un système de musique consistent dans les intervalles élémentaires du système, et la manière de les employer, c'est le côté invariable du système, *sa tonalité* [1] *ou manière d'être ;* et il y a bien des tonalités possibles depuis la musique rudi-

1. C'est bien simple, et pourtant ce n'était pas si facile à trouver qu'on pourrait le supposer. Voici la définition de M. Fétis, *Traité d'harmonie*, p. 248 : « Qu'est-ce que la tonalité ? Si niaise « que soit cette question en apparence, il est cependant certain « que peu de musiciens pourraient y répondre d'une manière « satisfaisante. Pour moi, je dirai que la tonalité réside *dans* « *l'ordre où sont placés les sons de la gamme, dans leurs dis-* « *tances respectives, dans leurs relations harmoniques.* »
Nous verrons tout à l'heure que l'ordre où sont placés les sons de la gamme, leurs distances respectives, leurs relations harmo: niques, dépendent des intervalles élémentaires du système et de la manière de les emplo er; M. Fétis, dans sa définition de la tonalité, prend simpleme :tl' effet pour la cause.
Et il ajoute : « La composition des accords, les circonstances « qui les modifient, et les lois de leur succession, sont les ré- « sultats nécessaires de cette tonalité, changez l'ordre des sons, « intervertissez leurs distances, et la plupart des relations har- « moniques s'anéantiront, etc., etc. »
C'est évident, changez les *intervalles élémentaires* de la gamme, et tout change : les distances respectives, les relations harmoni- ques, etc., etc.; seulement, je le répète, M. Fétis prend l'effet pour la cause, il définit le résultat de la tonalité, et non la tonalité.
Qu'est-ce que la tonalité ? C'est la manière d'être du système. En quoi consiste-t-elle ? Dans les intervalles élémentaires du sys- tème et la manière de les employer. C'est très-simple.

mentaire des peuplades primitives jusqu'au système moderne.

Pour découvrir la tonalité d'un système donné, il est évident qu'il faut connaître ce système; *connaître* signifie, ici, pratiquer les œuvres du système, avoir le sentiment pratique du système, être musicien. A la rigueur, sans être musicien pratique, un savant pourrait découvrir les éléments de l'acoustique antérieurs et supérieurs à tous les systèmes, éléments reposant sur les capacités esthétiques de l'ouïe, mais comment pourrait-il découvrir les éléments d'un système donné dans les œuvres du système, sans être musicien?...

Et par exemple, avez-vous acquis le sentiment pratique du système moderne dans les œuvres du système? Vous êtes dans les conditions voulues, si vous avez l'esprit d'observation suffisamment développé, pour analyser votre sentiment pratique, vos impressions pratiques, en dégager la partie invariable, c'est-à-dire les éléments du système.

Ceci compris, voyons quels sont les éléments du système moderne : à travers la variété infinie d'intervalles des œuvres de l'art moderne, je découvre cinq intervalles fondamentaux [1] : la quarte, deux tier-

---

1. Les intervalles fondamentaux ou élémentaires sont dans les rapports simples avec le tonique, il n'y en a qu'un de chaque espèce dans ces conditions. Ces intervalles engendrent directement ou indirectement tous les autres par renversement, contact, etc., etc. Comme en peinture, les couleurs primitives engendrent les autres.

Les intervalles élémentaires sont consonnants ou dissonants (voir, chapitre D, l'explication de ces mots). Dans le système

2.

ces, un ton et un demi-ton, qui, par le renversement, produisent d'autres intervalles.

Quant à la manière de les employer, c'est-à-dire de comprendre la relation des sons, tous les sons convergent autour d'un son appelé tonique. Il y a deux modes ou manières de faire la gamme.

Tels sont, dans la plus grande simplicité, les éléments du système moderne, sa tonalité.

Mais il ne suffit pas de dire que telle est la tonalité du système, faut-il encore le prouver, et comment le prouver?

En rangeant tout simplement les intervalles ci-dessus, d'après la tonalité.

Exemple: prenons pour tonique un son quelconque x, faisant un nombre de vibrations représenté par 1.

Les intervalles de quarte, tierce majeure, seconde, rangés dans l'ordre ascendant autour de la tonique que nous appelerons:

ut 1, produisent le tétracorde ascendant

	ut	ré	mi	fa.
	1	$1\frac{1}{8}$	$1\frac{1}{4}$	$1\frac{1}{3}$.

Les intervalles de demi-ton, tierce mineure, quarte, donnent le tétracorde descendant

	sol	la	si	ut.
	$\frac{3}{4}$	$\frac{5}{6}$	$\frac{16}{17}$	1

moderne, les intervalles élémentaires dissonants sont la seconde $\frac{8}{9}$ et le demi-ton $\frac{16}{17}$.

1. Quarte. .	3 :	4 ::	1 :	$1\frac{1}{3}$	Demi-ton.	17 : 16 ::	1 :	$\frac{16}{17}$
Tierce. .	4 :	5 ::	1 :	$1\frac{1}{4}$	Tierce . .	6 : 5 ::	1 :	$\frac{5}{6}$
Seconde.	8 :	9 ::	1 :	$1\frac{1}{8}$	Quarte . .	4 : 3 ::	1 :	$\frac{3}{4}$

Telle est la gamme majeure du système moderne ;
pour l'avoir mineure, il n'y a qu'à changer l'ordre des
tierces ; mettre la tierce mineure dans le tétracorde
ascendant, et la tierce majeure dans le tétracorde
descendant. Et pour la présenter sous la forme usuelle,
on n'a qu'à renverser [1] l'un des deux tétracordes.

Et la gamme se compose, non pas d'une série de
secondes, comme on pourrait le supposer d'après les
apparences, mais d'une quarte, deux tierces, une
seconde, et enfin d'un demi-ton ; intervalles qui,
rangés par ordre d'acuité, produisent par leur juxtaposition une série de secondes, appelées indi-
remment :

1er DEGRÉ	2e DEGRÉ	3e DEGRÉ	4e DEGRÉ	5e DEGRÉ	6e DEGRÉ	7e DEGRÉ	8e DEGRÉ
Tonique ou	Sus-tonique ou	Médiante ou	Sous-dominante ou	Dominante ou	Sus-dominante ou	Sensible ou	Tonique ou
ut	*ré*	*mi*	*fa*	*sol*	*la*	*si*	*ut*

Ces mêmes intervalles, rangés par groupes, dits
accords, ne sont qu'un nouvel aspect des éléments
du système.

Aussi, la théorie [2] tout entière du système moderne

1. Soit le tétracorde descendant.
Exemple :

$$1 \quad 1\tfrac{1}{8} \quad 1\tfrac{1}{4} \quad 1\tfrac{1}{3} \quad 1\tfrac{1}{2} \quad 1\tfrac{2}{3} \quad 1\tfrac{15}{17} \quad 2$$

ut   ré   mi   fa   sol   la   si   ut — mode majeur.

$$ut \qquad\qquad 1\tfrac{1}{5} \qquad\qquad\qquad\qquad 1\tfrac{3}{5} \qquad\qquad ut$$ — mode mineur.

Et c'est même à ce fait, nous le notons en passant, qu'on doit
rattacher l'origine du renversement pratiqué dans l'harmonie.

2. « Pourtant il faut bien que je le dise, la philosophie

(harmonie et mélodie) est-elle dans la gamme, il ne s'agit que d'avoir assez d'intelligence, pour l'en faire sortir avec les développements convenables ; à moins que la gamme ne contienne pas les éléments du système, harmonie et mélodie, ou que ces éléments soient de nature différente, M. Fétis a constaté que le principe de la mélodie et de l'harmonie est identique [1].

« cette science qu'on appelle la musique, ayant manqué à la « plupart de ceux qui en ont traité, après tant de travaux, rien « n'est plus rare que de rencontrer des idées justes sur sa théorie : « les principes naturels de cette théorie sont encore à faire. « Paraîtra-t-il enfin un livre qui remplira cette lacune et qui « offrira le point de départ de toutes les règles? Je l'espère. » (Fétis, *Bibliographie des musiciens*, 1er volume, *Résumé philosophique de l'histoire de la musique*, p. 234.)

Le point de départ des règles du système moderne est dans la gamme du système, si réellement elle contient les éléments du système ; comme le point de départ de tous les systèmes est dans l'acoustique musicale, contenant les éléments antérieurs et supérieurs à tous les systèmes.

1. « L'immense quantité de traités et de méthodes d'harmonie, « dit M. Fétis, publiés depuis environ 120 ans, dérivent de ces « quatre systèmes (voir plus loin, note, ch. VIII), la seule chose à « quoi l'on n'a point pensé, c'est d'examiner si la constitution na- « turelle de l'art, dans ses rapports avec notre organisation ne « fournit pas une base plus réelle que des faits acoustiques ou « des procédés mécaniques qui ne sont que des jeux de l'esprit, « ou enfin des faits empiriques isolés, qu'on ne rattache à aucune « loi générale. Or cette recherche, dont aucun théoricien ne « s'est préoccupé est ce qui a fixé mon attention depuis quarante « ans.

« Abandonnant toute idée de système, je me suis demandé si « les lois secrètes, qui régissent les rapports de succession des « sons de nos gammes majeures et mineures, n'étaient pas les « mêmes qui déterminent les rapports de simultanéité dans les « accords ; en d'autres termes, si le principe de la mélodie

CHAPITRE II

Eléments du plain-chant.

Le plain-chant n'a que quatre intervalles fondamentaux : l'intervalle de quarte, deux tierces, et l'intervalle de seconde.

Quant à la manière de les employer, tous les sons
convergent autour de deux sons appelés tonique ou
finale, et la dominante. Ici, c'est la dualité à la place
de l'unité.

Il n'y a pas de modes, ils sont remplacés par deux
manières d'employer les sons de la gamme, suivant
que le ton est authentique ou plagal.

« n'était pas identique avec celui de l'harmonie ; et bientôt j'ai
« acquis la conviction de cette identité. » J'ai vu, etc., etc.
(*Traité d'harmonie* de M. Fétis, p. ij.)

Les éléments de la mélodie et de l'harmonie sont identiques, le
principe de la mélodie ne saurait être différent de celui de l'harmonie, la mélodie comme l'harmonie n'étant que la manifestation
des capacités esthétiques de l'ouïe d'apprécier la relation des
sons émis successivement ou simultanément.

Du reste, l'identité des éléments de l'harmonie et de la mélodie
est évidente par elle-même, n'avons-nous pas vu, chapitre B, que,
dès qu'il y a deux sons produits simultanément ou *successivement*,
l'ouïe perçoit trois choses : l'acuité ou intonation de chacun des
deux sons et le rapport ou différence.

Les lois secrètes qui régissent les rapports de succession des
sons de notre gamme majeure et mineure, et les rapports de
simultanéité, ont donc tout simplement leur raison d'être dans
les capacités esthétiques de l'ouïe antérieures et supérieures aux
systèmes de musique.

Telle est la tonalité de ce système, bien différente, on le voit, de la tonalité du système moderne.

Les intervalles de quarte, tierce majeure, seconde, tierce mineure, et quarte, rangés d'après la tonalité autour de la tonique ou finale que nous appellerons *ut*, et que nous supposons faire un nombre de vibrations représenté par 1, nous donnent l'hexacorde

$$\begin{array}{cccccc} sol & la & & ut & ré & mi & fa. \\ \frac{3}{4} & \frac{5}{6} & & 1 & 1\frac{1}{8} & 1\frac{1}{4} & 1\frac{1}{3} \end{array}$$

La tierce majeure de la dominante *sol* complète la gamme........... *si* $\frac{15}{16}$

Pour avoir cette gamme dans l'ordre usuel, il n'y a qu'à renverser l'un des deux tétracordes, soit le descendant, et nous avons

$$\begin{array}{cccccccc} & ut & ré & mi & fa & sol & la & si \\ ut & 1 & 1\frac{1}{8} & 1\frac{1}{4} & 1\frac{1}{3} & 1\frac{1}{2} & 1\frac{2}{3} & 1\frac{7}{8} \end{array}$$

2.

Avec cette gamme, sans unité, sans attraction, elle n'a pas de sensible, ou plutôt elle en aurait deux, puisque les intervalles *mi fa* et *si ut*, sont semblables, on a fait huit gammes ou tons, qui ne sont que huit répétitions de la même gamme, en partant de chacune des notes qui la composent[1].

1. 1er TON. Finale   *ré.*
        Dominante *la.* — *Ré mi*$\frac{1}{2}$ *fa sol la si*$\frac{1}{2}$ *ut ré.*
   3e TON. Finale   *mi.*
        Dominante *ut.* — *Mi*$\frac{1}{2}$ *fa sol la si*$\frac{1}{2}$ *ut ré mi.*
   5e TON. Finale   *fa.*
        Dominante *ut.* — *Fa sol la si*$\frac{1}{2}$ *ut ré mi*$\frac{1}{2}$ *fa.*
   7e TON. Finale   *sol.*
        Dominante *ré.* — *Sol la si*$\frac{1}{2}$ *ut ré mi*$\frac{1}{2}$ *fa sol.*

La gamme d'un système résume ce système, elle en contient les éléments; aussi en comparant les éléments du plain-chant aux éléments du système moderne, on peut se faire une idée exacte de la différence profonde des deux systèmes dans toutes les parties de l'art; et, par exemple, par ce seul fait que les mots : *ut, ré, mi, fa, sol, la, si, ut,* sont pris dans une acception absolue, tandis que, dans la gamme moderne, ils sont employés dans le sens général de : tonique, sus-tonique, médiante, etc., etc., il est évident que les deux systèmes diffèrent profondément l'un de l'autre.

Disons-le en passant, en musique on oublie trop souvent que les mots : ton, tonique, modes, genres, etc., ont des acceptions diverses suivant le système, et cela ne contribue pas peu à perpétuer la confusion des idées, j'allais dire des langues, sur la musique.

2e TON. Finale   *ré.*
    Dominante *fa.* — *La si$\frac{1}{2}$ ut ré mi$\frac{1}{2}$ fa sol la.*
4e TON. Finale   *mi.*
    Dominante *la.* — *Si $\frac{1}{2}$ ut ré mi$\frac{1}{2}$ fa sol la si.*
6e TON. Finale   *fa.*
    Dominante *la.* — *Ut ré mi$\frac{1}{2}$ fa sol la si$\frac{1}{2}$ ut.*
8e TON. Finale   *sol.*
    Dominante *ut.* — *Ré mi$\frac{1}{2}$ fa sol la si$\frac{1}{2}$ ut ré.*

Les quatre tons pairs sont les plagaux : les impairs sont dits authentiques.

CHAPITRE III

Tempérament.

Dès qu'un système de musique est créé et bien établi, il faut des instruments propres à jouer les œuvres du système; instruments possédant nécessairement les éléments ou sons fondamentaux du système; et voilà comment, par la nature même des choses, la gamme d'un système quelconque, n'est pas simplement une série de secondes propres aux exercices de voix ou d'instruments, comme on pourrait le supposer par les apparences, mais bien le résumé des éléments du système.

Non pas que les musiciens soient arrivés à dresser la gamme du système créé par leur génie, en faisant des raisonnements analogues à ceux des chapitres qui précèdent; les musiciens ont établi la gamme en suivant les exigences de l'ouïe, en obéissant à leur nature, à leur instinct secret des choses; et cette science secrète les a conduits à résumer les éléments du système dans la gamme, peut-être même sans songer aux éléments du système, et surtout à la possibilité de les soumettre à l'analyse.

De même pour le tempérament dont nous allons nous occuper, les musiciens ont obéi à leur instinct secret, et nous allons essayer d'expliquer le tempérament d'après les rapports nécessaires dérivant de la nature des choses.

Le plain-chant a huit gammes ou plutôt huit manières de faire la même gamme. Le système moderne n'a au contraire qu'une gamme majeure et mineure, composée de tonique, sustonique, médiante, sous-dominante, dominante, susdominante, sensible; et, malgré cette pauvreté apparente, il dispose pourtant de plus de sons que le plain-chant, parce que cette gamme, toujours la même, se jouant sur tous les tons, c'est-à-dire en prenant un son quelconque pour tonique ou fondamentale du ton, il suffit de changer de tonique, ce qu'on appelle moduler, pour avoir à sa disposition tous les sons imaginables.

Sur un instrument comme la voix, le violon, etc., les sons ne sont pas fixes, le ton ou tonique peut être considéré comme quelque chose de mobile, d'indéterminé; mais, sur un instrument à sons fixes : piano, clarinette, hautbois, flûte, etc., cette indétermination n'existe pas.

La relation des sons de la gamme est si intime avec la tonique ou fondamentale du ton qu'un tuyau ne saurait donner qu'une gamme parfaitement juste. Il faudrait donc un instrument spécial ou des tuyaux de rechange pour chaque tonique; et, comme il y a dans notre système seize[1] tons plus ou moins usités, cela exigerait, à la rigueur, trente-deux instruments : seize pour le mode majeur, seize pour le mode mineur.

Cette multitude d'instruments serait un embarras

---

1. Sept avec des dièses, sept avec des bémols, plus le ton d'*ut* majeur et *la* mineur.

bien plus qu'une richesse ; d'ailleurs, les modulations fréquentes de la musique moderne en rendraient l'usage à peu près impossible.

Aussi a-t-on imaginé de construire des instruments à sons fixes, propres à jouer la gamme majeure et mineure en prenant pour tonique un son quelconque ; et, pour y arriver sans trop choquer l'oreille, on a dû tempérer non pas la gamme écrite, comme on le dit fort improprement, mais les instruments à sons fixes : piano, clarinette, haubois, flûte, etc.

Nous attachons une grande importance à cette distinction, futile en apparence, parce qu'elle a entraîné ceux qui n'y ont pas pris garde dans une fausse route. En effet, le tempérament s'appliquant à la gamme écrite et non à l'instrument, on est porté à la diviser en douze parties, et à raisonner comme s'il y avait une gamme vraie, une gamme tempérée, une autre chromatique, et enfin une quatrième enharmonique : tandis qu'en réalité, dans notre système, il n'y a qu'une gamme vraie, majeure ou mineure, et que la gamme tempérée, la gamme chromatique et la gamme enharmonique, ne sont que la conséquence de la construction des instruments à sons fixes. C'est ce qui va ressortir avec évidence de l'examen auquel nous allons nous livrer sur l'origne des dièses et bémols.

Qu'est-ce qu'un dièse ? Qu'est-ce qu'un bémol ? Y en a-t-il dans la gamme ?

Les dièses et les bémols ne sont autre chose que des sons supplémentaires indispensables pour construire un instrument à sons fixes, propre à jouer la gamme du chapitre Ier, en prenant pour tonique l'un des sons de cette gamme (*ut ré mi fa sol la si*); aussi, en prenant successivement pour tonique l'un de ces sons, est-on obligé d'introduire six sons supplémentaires.

Ces gammes, dites en mode mineur, exigeraient trois sons supplémentaires, en tout neuf sons supplémentaires [1], qu'on appelle dièses ou bémols, suivant qu'on les a introduits pour remplacer un intervalle de la gamme vraie trop petit ou trop grand.

Si, dans cet état, on parcourt l'instrument, on a

$$\text{♯ ♯ \quad ♯ ♯ ♯}$$
$$ut \quad ré \quad mi \quad fa \quad sol \quad la \quad si \quad ut,$$
$$\flat \quad \flat \qquad\qquad \flat \quad \flat$$

et, en distiguant par des couleurs les sons supplémentaires, afin de ne pas encombrer la série de nouveaux mots, cette suite de sons produira à l'œil et à l'ouïe une gamme chromatique à intervalles infiniment petits.

En outre, et pour simplifier la construction de l'instrument, bien que les dièses et les bémols soient des choses différentes, puisque les uns remplacent des sons de la gamme qui étaient trop bas, tandis que les autres remplacent des sons qui étaient trop haut, on les a tempérés, enharmonisés, de manière que le même son pût servir de dièse ou de bémol; et on a réduit de la sorte les sons supplémentaires à cinq, qui sont les cinq touches noires du piano. Nous di-

1. *Fa*♯ *ut*♯ *sol*♯ *ré*♯ *la*♯ *si*♭; et *mi*♭ *la*♭ *ré*♭. Je ne me préoccupe pas des modifications qu'il faudrait faire subir aux autres sons de la gamme; je ne veux que signaler les sons nouveaux à introduire indispensablement.

sions le piano parce qu'il matérialise pour ainsi dire les faits, et qu'il n'y a pas à tenir compte de l'influence de l'embouchure comme pour les autres instruments à sons fixes.

Dans cet état, l'instrument est tempéré, chromatique et enharmonique, c'est-à-dire qu'il est propre à produire une gamme tempérée de sept sons, majeure ou mineure dans un ton quelconque[1]; et, en outre, une série de sons appartenant à tous les tons, série chromatique, parce qu'en effet elle a une certaine couleur par le rapprochement, le choc des intervalles de divers tons.

Nous avions donc raison de tenir à ce qu'on vît clairement que c'est l'instrument qui est tempéré, et non la gamme écrite : cette confusion, nous l'avons dit, a amené une série d'erreurs les plus grossières, en laissant croire à l'existence d'une gamme tempérée, d'une autre chromatique, d'une autre enharmonique, et, conséquemment, d'une musique correspondant à ces trois gammes; comme s'il était possible de faire de la musique avec des sons de tous les tons et de tous le modes. Ce serait un arlequin musical ou plutôt un chaos musical : où serait, d'ailleurs, l'utilité de pareilles gammes, avec la facilité qu'on a dans notre système de moduler à volonté, et d'avoir ainsi à sa disposition des variétés infinies de sons?

Tout ce que nous venons de dire s'applique au

1. Et à cet effet, on met des signes : dièses ou bémols à la clef, pour indiquer, dans chaque ton, les sons supplémentaires qui doivent remplacer les sons de la gamme naturelle de l'instrument.

système moderne. Quant à la gamme du plain-chant
ou au huit manières de la faire, qui, à l'aide de certaines règles inutiles à expliquer ici, constituent les
quatre tons authentiques et les quatre tons plagaux,
ces huit tons n'exigent pas le tempérament, les instruments à sons fixes peuvent les jouer sans être
tempérés, chaque ton ayant sa physionomie spéciale,
indépendante. La modulation (passage d'un ton à
l'autre) est impossible dans ce système, conséquemment le tempérament inutile.

Et c'est précisément sur la gamme du plain-chant
que repose la théorie du tempérament des traités de
physique.

PROPRIÉTÉS DU SON MUSICAL

CHAPITRE IV

Durée du son musical.

L'ouïe perçoit dans le son musical sept propriétés : Intonation, durée, timbre, intensité, résonnance, propagation et réflexion, nous allons nous occuper des six propriétés dont nous n'avons pas encore parlé.

La durée et l'intonation sont les éléments de la musique et de toute musique.

Le timbre, l'intensité se rattachent à l'expression.

La résonnance, propagation et réflexion correspondent à la construction des intruments de musique et au local propre à la musique.

Nous allons voir comment les éléments de l'acoustique musicale s'appliquent à ces diverses propriétés du son musical, et tout d'abord occupons-nous de la durée, propriété la plus importante du son musical

Dès que le son est musical, l'ouïe peut en apprécier suffisamment la durée, pour comparer les sons, juger de leur convenance ou disconvenance, c'est-à-dire de leur relation au point de vue de la durée, sans se préoccuper de l'acuité ou intonation.

Et comme la relation perçue par l'ouïe, qu'il s'agisse de la durée ou de l'intonation des sons, dépend toujours de la simplicité des rapports dans l'unité, les éléments de l'ascoustique, chapitre C, contiennent les intervalles de tous les systèmes de musique, et aussi les durées de tous les systèmes de musique, passés présents et à venir.

La durée et l'intonation sont du reste les éléments de la musique ou plastique de l'ouïe, et il serait difficile de décider lequel des deux éléments a le plus d'importance : La relation des sons au point de vue de la durée engendre le *rhythme*[1]. La relation des sons au point de vue de l'intonation produit le *dessin* musical.

Ces deux éléments rhythme et dessin existent à quelque degré dans tout système de musique, si primitif, si incomplet qu'il soit, n'eût-il qu'une gamme de quelques sons ; par la bonne raison que ces éléments correspondent à la nature intime de l'homme[2]. Le rhythme s'adresse aux mouvements volontaires de l'homme, son action est physiologique; le dessin s'adresse aux sentiments, au cœur, à l'âme ; partout et toujours l'homme a chanté, dansé.

— Définir la musique, comme on le fait quelque-

1. La durée des sons est susceptible de division et de relation. La relation engendre le rhythme, la division produit la mesure, la mesure marque les temps forts du rhythme.

2. L'harmonie et le rhythme paraissent être inhérents à l'homme, a dit Aristote. Le rhythme correspond à la durée des sons, au nombre, à la mesure. Le mot harmonie ici s'applique à l'intonation des sons qu'ils soient émis successivement ou simultanément.

fois, une combinaison de sons propre à flatter l'oreille, c'est prendre l'apparence pour la réalité; l'ouïe a la capacité d'apprécier la convenance et disconvenance des sons, et par là même il y a satisfaction ou non satisfaction du sens de l'ouïe ; mais l'action de la musique ne se borne pas à cette satisfaction fort innocente de l'oreille repos ou non repos. Son action est plus profonde, l'oreille n'est que le sens destiné à produire la double action de la musique sur l'homme : c'est ce que nous expliquerons en nous occupant de l'acoustique au point de vue du beau.

Le rhythme, disons-nous, s'adresse à l'élément physiologique, son action est universelle, elle s'étend même sur les animaux. L'action du dessin est plus limitée par cela même que le dessin s'adresse à la partie immatérielle de l'homme, à l'âme, au cœur.

Le rhythme passionne, mouvemente le dessin musical. Chez les peuples plus ou moins sauvages, le rhythme occupe le premier rôle dans leur musique rudimentaire. Au contraire chez d'autres peuples également primitifs, mais aux mœurs douces, patriarcales, c'est le dessin qui domine, leurs mélodies expriment la plainte, la tristesse.

Il est difficile, on le voit, de décider qui du rhythme ou du dessin a le plus d'importance dans la musique ou plastique de l'ouïe. Tout ce qu'on peut dire ici, c'est que l'action du rhythme est universelle s'adressant aux mouvements volontaires, à l'élément physiologique. L'action du dessin est nécessairement beaucoup plus restreinte.

3.

Mais ce qu'il y a de merveilleux, d'amirable, c'est que les éléments du rhythme et du dessin (durée et acuité) partent de la même source, bien mieux sont identiques à la source : ainsi l'intonation ou acuité des sons dépend du nombre de vibrations; plus il y a de vibrations dans le même temps, toutes choses égales d'ailleurs, moins elles durent ; le son musical dit donc à la fois deux choses, le nombre de vibrations (vitesse) dans le temps, et la durée des vibrations dans le temps. Ces deux choses se confondent dans une sensation unique, la sensation du son musical, lequel son musical a une durée dans le temps, durée qui engendre le rhythme, mais cette durée du son musical a son origine dans les entrailles du son musical, c'est-à-dire la durée des vibrations. Ainsi la durée et l'acuité partant d'une même source se divisent pour engendrer le rhythme et le dessin, le rhythme exprimant la relation des sons au point de vue de la durée dans le temps, le dessin exprimant la relation des sons au point de vue du nombre des vibrations aussi dans le temps, deux choses, je le répète, qui se confondent à la source.

Pour beaucoup de personnes étrangères à la musique, les mots rhythme et dessin musical sont un peu vagues, essayons de les préciser : Dans le système de musique moderne tel qu'il est de nos jours, le rhythme et le dessin ont une importance égale. Aussi en jouant les mélodies modernes avec les doigts, qu'on me permette cet exemple vulgaire, sur une table, sur les vitres vous avez le rhythme c'est-à-dire la mélodie moins l'intonation ou avec une intonation unique. La durée des sons, le nombre, la mesure sont sous la dépendance du rhythme.

Le tambour bat le rhythme, le galop du cheval est un rhythme, la charge est un rhythme qu'on pourrait appeler *rhythme premier*. Le Rhythme domine dans les airs de danses, pas redoublés, marches, etc....

Le dessin, au contraire, c'est la même mélodie jouée avec des sons de durée uniforme. Le dessin (appelé ainsi sans doute à cause de la configuration des notes sur le papier) domine dans les airs dits expressifs.

Le rhythme et le dessin, je le répète, ont une importance égale dans le système moderne, la relation des sons, au point de vue de la durée et de l'acuité, ayant été comprise dans l'unité :

D'où il résulte que la théorie de la musique moderne est tout entière dans la gamme, car si la gamme, chapitre Ier, contient les éléments du système, au point de vue de l'acuité des sons (intervalles fondamentaux du système), elle contient aussi les éléments du système, au point de vue de la durée des sons (durées fondamentales du système), ces deux éléments ne pouvant être régis par des lois différentes dans un système aussi avancé que le système moderne ; d'ailleurs, l'un des éléments entraîne fatalement l'autre à subir la loi de l'unité.

Le plain-chant n'a ni rhythme, ni dessin, du moins comme le système moderne. La relation des sons n'a pas été comprise dans l'unité, mais dans la dualité. Aussi, dans ce système, on épelle pour ainsi dire le rhythme et le dessin.

CHAPITRE V

Timbre, intensité, résonnance, propagation, réflexion du son musical.

Le timbre et l'intensité se rattachent à l'exécution de la musique, nous ne nous en occuperons pas ici. D'ailleurs le timbre, qui est pour ainsi dire la couleur du son musical, implique des capacités de l'ouïe au point de vue du son, dont nous parlerons dans un autre travail.

Nous nous bornerons pour le moment à faire remarquer que, dès que le son est musical, l'ouïe a la capacité d'apprécier suffisamment le timbre du son musical, pour comparer les timbres, apprécier leur convenance ou disconvenance. De même pour l'intensité et le volume du son musical, appréciation impossible, si le son n'est pas musical.

La résonnance, propagation et réflexion, sont trois propriétés correspondant aux instruments de musique, et au local propre à la musique.

La résonnance est la merveilleuse propriété du son musical, de faire vibrer, résonner les corps autour de lui ; ainsi, posez un diapason sur une table ou tout outre objet, les vibrations du diapason feront résonner la table, et vous obtiendrez un son relativement très-fort.

La propagation et la réflexion du son musical sont des propriétes trop connues, pour qu'il soit utile de les définir.

Comment les éléments de l'acoustique musicale s'appliquent-ils à ces trois propriétés du son musical et d'abord la résonnance, propriété se rattachant à la construction des instruments de musique ?

La construction des instruments de musique présente un double problème à résoudre. Il s'agit de construire des instruments propres à jouer la musique d'un système donné, c'est-à-dire, possédant les sons fondamentaux du système, et, en outre d'augmenter la puissance matérielle des sons par la résonnance.

Aux chapitres Ier et IIIe, nous avons vu quels sont les intervalles fondamentaux du système moderne, et la nécessité du tempérament. Nous n'avons à nous occuper ici que de la résonnance ; et nous remarquons tout de suite que les instruments de musique ont deux parties distinctes : le corps de l'instrument, qui produit la résonnance, et le point où surgit le son ; par exemple, pour le violon, violoncelle, etc., etc., les cordes et la caisse ou corps de l'instrument ; pour les instruments à vent, le bec, l'embouchure ou anche et le tuyau de l'instrument. Quelle puissance aurait, en effet, le son musical produit par une corde pincée, un bec anche ou embouchure, sans la résonnance qui communique les vibrations de l'air molécule à molécule, anime pour ainsi dire la caisse ou le tuyau de l'instrument ?

Cette distinction établie, nous disons que la résonnance la plus parfaite dépendra toujours, à part le choix, la nature de la matière, le mode de production, etc., etc., enfin toutes choses égales d'ailleurs, de la relation de toutes les parties de l'instrument c'est-à-dire de la simplicité et de l'unité des rapports de toutes les parties de l'instrument.

Dans ces conditions, les résonnances convergeant vers le même but se fondront dans une harmonieuse unité pour produire le son le plus puissant, le plus satisfaisant ; convergeance qui implique une forme quelconque de l'instrument. Comment, en effet, toutes les parties de l'instrument seraient-elles en relation, sans unité et conséquemment sans forme ?

On a essayé plusieurs fois de fabriquer des violons carrés sans succès ; le son est musical, mais la résonnance n'est pas la résultante de toutes les parties de l'instrument.

La forme joue donc un rôle important dans la bonne résonnance de l'instrument, et nous disons que la bonté de l'instrument, toutes choses égales d'ailleurs, dépend de la parfaite relation de toutes les parties, c'est-à-dire de la simplicité des rapports dans l'unité. Les éléments de l'acoustique, chapitre C, reposant sur la simplicité des rapports dans l'unité, contiennent nécessairement les éléments de la forme des instruments de musique.

— Quant à la propagation et réflexion des sons musicaux, propriétés correspondant à la construction du local propre à la musique, il est évident que de la *relation* des diverses parties de la salle dépend la propagation, le rayonnement plus ou moins satisfaisant des sons dans toutes les parties de la salle ; et conséquemment la suppression des réflexions sonores anormales produisant confusion pour l'oreille ; la forme de la salle a donc ici une grande importance ; et à ce point de vue, les éléments de l'acoustique musicale, chapitre C, s'appliquent à la construction du local propre à la musique, comme à la construction des instruments de musique, la forme impliquant partout et toujours la relation, c'est-à-dire la simplicité des rapports dans l'unité.

Les facteurs d'instruments de musique, en obéissant à leur instinct pratique des choses (science secrète des choses), ont fait des instruments d'une forme plus ou moins bizarre, au premier coup d'œil ; mais cette forme, à part la question de commodité pour l'exécutant, a sa raison d'être dans la nature même des choses, la bonne résonnance de l'instrument, toutes choses égales d'ailleurs, exigeant, je ne saurais trop le répéter, l'unité de l'instrument, et qui dit unité, dit forme.

Seulement les facteurs d'instruments, à diverses époques, ont dû appliquer ce principe de l'unité d'une manière plus ou moins satisfaisante, la perfection des instruments étant d'ailleurs subordonnée à la perfection des systèmes de musique.

Les architectes, en suivant leur science secrète des choses, ont également obéi à cette nécessité de la forme, d'une manière plus ou moins satisfaisante.

3.

CHAPITRE VI

**ART MUSICAL. — Les éléments de l'acoustique embras-
sent l'art musical tout entier.**

La musique, les instruments et le local propre à
la musique sont dans une étroite dépendance dérivant de la nature même des choses ; pour manifester
l'œuvre du musicien, bonne ou mauvaise, il faut bien
des instruments ou des voix, et un milieu convenable.

Ces trois branches de l'art : musique, instruments
et local, coresp ndent aux propriétés diverses du
son musical, dont s'occupent trois artistes ayant des
aptitudes bien différentes. Le musicien, compositeur
ou exécutant, s'occupe de la durée et de l'acuité des
sons. Le timbre, l'intensité se rattachent à l'expression. Les autres propriétés du son musical correspondent à la construction des instruments de musique et du local propre à la musique.

Le musicien manifeste, en créant ou exécutant les
œuvres de l'art, les capacités esthétiques de l'ouïe
qui sont *en lui*. Le facteur d'instruments et l'architecte ne font qu'*utiliser*, appliquer ce qui n'est pas
en eux, les lois de l'acoustique, d'une manière plus
ou moins satisfaisante.

« L'acoustique, dit M. Pouillet, au passage déjà
« cité, prend le son à sa naissance, elle constate
« pour ainsi dire le mouvement de toutes les molé-
« cules du corps qui les produit; elle montre com-

« ment il se communique à l'air, comment il en tra-
« verse la masse, et comment il vient enfin ébranler
« les membranes extérieures de notre organe. Là la
« science est à son terme ; dès que le nerf acoustique
« est frappé il n'y a plus de traces perceptibles, de
« modifications matérielles, et par conséquent de
« phénomènes physiques. »

Le problème à résoudre par le facteur d'instruments et l'architecte, est précisément d'appliquer ces
notions de l'acoustique physique à la construction
des instruments de musique, et du local propre à la
musique ; c'est-à-dire d'appliquer ces notions *au
point de vue de la forme* la plus convenable des instruments et du local, afin d'obtenir la résonnance
la plus parfaite et la propagation du son la plus sa-.
tisfaisante.

L'acoustique musicale, qui contient, chapitre C,
les éléments de la forme et de toute forme (la simplicité des rapports dans l'unité étant la condition de la
forme, qu'elle se manifeste dans le temps ou l'espace,
comme la juxtaposition est la condition de la matière), l'acoustique musicale embrasse l'art musical
tout entier : musique, instruments de musique et
local propre à la musique.

La physique s'occupe du son *hors nous*, l'acoustique musicale s'occupe du son *en nous*. Les architectes et les facteurs d'instruments n'ont pu qu'utiliser d'une manière plus ou moins satisfaisante les
faits observés par les physiciens ; mais l'acoustique
des architectes et des facteurs d'instruments n'existe
pas comme science, je veux dire qu'on n'a pas envi-

sagé scientifiquement les phénomènes acoustiques observés par les physiciens au point de vue de la construction des instruments de musique et du local propre à la musique.

Pour les instruments de musique, il y a tant de choses dont il faut tenir compte suivant les matières employées, le mode de production, la forme des instruments, etc., etc., qu'il faut absolument être du métier pour arriver à un travail satisfaisant, chacun dans sa spécialité, une vie d'homme suffisant à peine pour être supérieur dans sa spécialité, en pénétrer tous les mystères.

Pour l'architecte la difficulté est beaucoup moindre, le point important, en tenant compte des exigences scéniques et autres, en tenant compte de la place occupée par les spectateurs, par l'orchestre, la scène, etc., etc., le point important est de découvrir la forme la plus favorable à la propagation normale du son, en évitant les réflexions de sonorité anormales; le problème au fond est celui-ci : une masse énorme d'air étant donnée, il s'agit de la circonscrire dans la forme la plus convenable au rayonnement normal du son musical, en tenant compte .des exigences diverses dérivant de la nature des choses.

L'acoustique des facteurs et des architectes est à faire, je le constate afin d'engager les hommes de talent et de bonne volonté à s'en occuper, et j'ajoute que l'acoustique musicale en contient les éléments au point de vue de la forme, comme la physique en contient les éléments au point de vue des propriétés physiques du son musical.

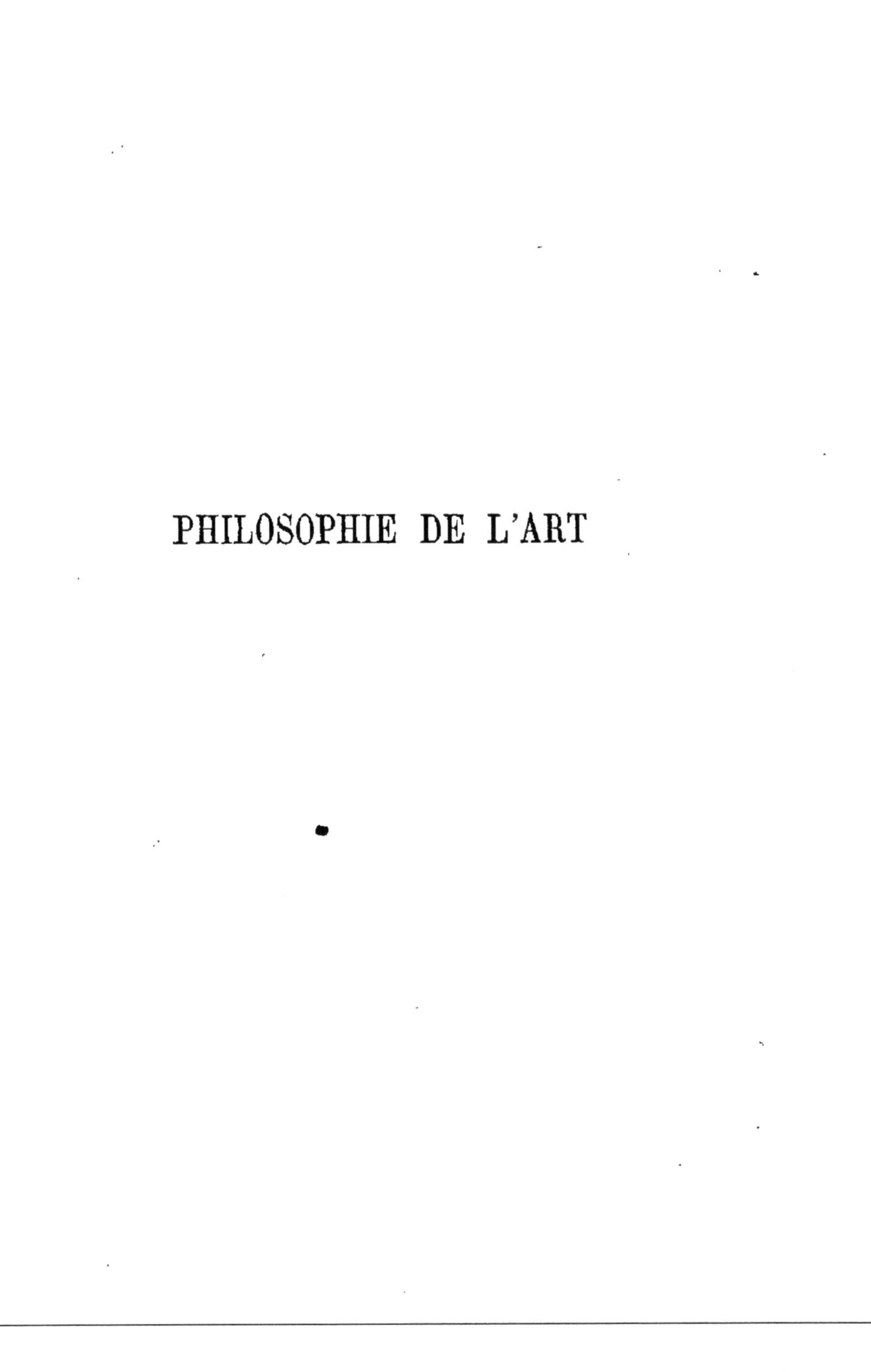

PHILOSOPHIE DE L'ART

CHAPITRE VII

La science dans ses rapports avec l'art.

Il est important de s'entendre sur la signification du mot science, afin d'apprécier exactement les rapports de la science et de l'art en musique.

La musique, dit-on, est à la fois une science et un art, pour faire entendre que la musique est dans des conditions exceptionnelles à l'égard de la science proprement dite, de la science qui connaît, explique, comprend...

Qu'il s'agisse de musique, de mathématiques, de physique, métaphysique, de morale, d'esthétique. etc., la science consiste partout et toujours à découvrir les rapports nécessaires dérivant de la nature des choses, c'est-à-dire à travers les phénomènes variables observés ; connaître c'est découvrir le côté invariable, nécessaire, la loi. En dehors de l'invariable des choses, il n'y a pas de science.

Il y a une multitude de rapports possibles en toutes choses ; plus l'intelligence est développée, plus l'homme a d'imagination, plus aussi il saisit de rapports plus ou moins ingénieux, originaux, comiques, spirituels, etc.; la science ne s'occupe que des rapports nécessaires, et il n'y a de nécessaire que les rapports dérivant de la nature des choses. L'animal perçoit le côté variable des choses, l'homme seul *connaît*, c'est-à-dire découvre l'invariable, le nécessaire; parfois la perception de l'invariable peut être en raison inverse de la perfection des organes des sens.

Ceci compris, voyons quels sont les rapports de la science avec la musique :

L'art étant créé par l'homme, l'homme ne crée pas dans le sens rigoureux du mot, ce serait de rien faire quelque chose; l'homme crée avec les capacités, les aptitudes dérivant de sa nature, et comme il ne peut créer l'art contrairement aux exigences de l'ouïe, c'est dans les capacités de l'ouïe qu'il faut découvrir la raison d'être de l'art, les éléments supérieurs et inférieurs à l'art.

Supprimez par la pensée la possibilité pour l'ouïe d'apprécier la relation des sons, et l'art n'existe pas, la science n'a rien à expliquer, rien à découvrir...

Pourtant d'Alembert a dit quelque part : « N'imi-« tons pas ces musiciens qui se croyant géomètres, « ou les géomètres qui se croyant musiciens, entas-« sent dans leurs écrits chiffres sur chiffres, s'imagi-« nant peut-être que cet appareil est nécessaire à « l'art... en vain entasseraient-ils hypothèses sur hy-« pothèses pour expliquer pourquoi certains accords « nous plaisent plus que d'autres, en creusant ces « hypothèses ils en reconnaîtront bientôt le faible...»

L'explication impossible, suivant l'illustre géomètre, est bien simple : le son musical est intelligent pour l'ouïe, avons-nous dit, chapitre E ; il a une signification par lui-même, par sa nature, sans convention antérieure; sa signification consiste à être dans des rapports avec d'autres sons faisant un nombre de vibrations dans le même temps, rapports perçus par l'ouïe, conséquemment, permettant à l'ouïe de comparer les sons, d'apprécier leur convenance ou disconvenance, alternative de convenance ou disconvenance qui fait le charme de l'ouïe.

Cette capacité de l'ouïe, d'apprécier la convenance ou disconvenance des sons, repose, je veux dire se constate par des nombres sous nos yeux, le rapport se voit, s'entend, et j'ajoute se comprend ; où trouverez-vous une évidence plus grande?... Nous n'avons pas la prétention d'expliquer le *comment* de la capacité, c'est un fait premier, par conséquent inexplicable, mais nous expliquons, ou plutôt nous constatons les capacités esthétiques de l'ouïe dans les faits sous nos yeux.

Seulement pour que l'explication fût possible, il fallait découvrir, nous l'avons dit, chapitre E, non pas une planète dans l'espace, mais tout près de nous, *en nous*, les capacités esthétiques de l'ouïe, échappées aux psychologistes, capacités antérieures et supérieures à l'art.

— Les divers systèmes de musique passés, présents et à venir, n'étant que des manifestations plus ou moins satisfaisantes des capacités esthétiques de l'ouïe, pour établir légitimement la théorie d'un système de musique, que faut-il faire?

Il faut découvrir les éléments du système, c'est-à-dire découvrir la partie invariable du système dans les œuvres mêmes du système, et condenser, résumer ces éléments dans une gamme, comme nous l'avons fait pour le système moderne. En dilatant ces éléments avec assez d'intelligence, on établit la théorie du système; et si la gamme contient réellement les éléments du système, tout ce qui se pratique dans le système a son explication rationnelle dans la théorie.

Cette double condition de découvrir d'abord en nous, dans notre nature, les éléments antérieurs à tous les systèmes; puis de découvrir les éléments du système pour établir légitimement la théorie scientifique d'un système donné, cette double condition qui implique des aptitudes très-diverses, puisqu'il faut être à la la fois psychologiste et musicien, explique la difficulté que présente la science dans ses rapports avec l'art, difficulté dérivant de la nature même des choses.

En effet la science dans ses rapports avec l'œuvre du Créateur, découvre les lois de ce qui *est*, lois de la matière, de la matière organisée, etc., etc.

La science, dans ses rapports avec l'art, création de l'homme, est obligée de découvrir, dans la nature de l'homme, les capacités créatrices de l'art, différemment la musique ou plastique de l'ouïe n'aurait pas de base scientifique; à moins d'admettre suivant l'erreur, jusqu'ici invaincue des savants, ainsi que nous l'expliquerons au chapitre suivant, que la musique a sa raison d'être hors nous dans les sciences mathématiques, physiques, etc., etc...

L'homme crée l'art, c'est bien dans l'homme, dans sa nature supérieure qu'il faut découvrir les éléments antérieurs à l'art.

Et en musique la création est évidente, où donc le musicien de génie a-t-il pu imiter le modèle de la mélodie qu'il crée? Est-ce dans le chant des oiseaux, le murmure des eaux, les cris divers des animaux, la production simultanée du son fondamental et des harmoniques, etc., etc...?

D'ailleurs l'imitation en musique n'est pas l'art, c'est tout au plus un moyen de l'art assez limité. En musique, il faut créer les types mélodiques et harmoniques correspondant aux sentiments à exprimer. C'est en lui, dans sa nature supérieure, que le musicien de génie découvre, invente, crée ces types qui semblent être la contre-empreinte de l'harmonie divine.

Pour la peinture, la sculpture, etc., etc., on pourrait dire avec une apparence de raison que l'art ne crée pas la forme, seulement il l'idéalise; le modèle, si imparfait qu'il soit, est sous les yeux de l'artiste, mais en musique, le modèle parfait ou imparfait n'existe pas, il faut tout créer.

4

CHAPITRE VIII

La science est-elle utile ou nuisible à l'art?

La science qui connaît, comprend, explique, est-elle utile ou nuisible à la musique? La question a toute l'apparence d'un paradoxe. La science est toujours utile; ce qui est nuisible, inutile, c'est l'abus de la science, c'est la fausse science.

Pour apprécier comment on peut abuser de la science dans ses rapports avec l'art, il est indispensable de se faire une idée précise de l'art.

Pour beaucoup de gens art et nature expriment des choses différentes; c'est là une grossière erreur. Le but de l'art (forme du beau) est de montrer la nature, mais par son beau côté, nous l'expliquerons suffisamment dans le travail sur le beau. Néanmoins l'art peut montrer la nature par son côté vulgaire; c'est l'art moins l'idéal. A ce double point de vue l'art c'est toujours la nature.

Mais nous ajoutons, en musique, l'art c'est la manifestation de notre propre nature, et en musique le doute n'est pas possible, les divers systèmes de musique passés, présents et à venir, n'étant que des manifestations plus ou moins satisfaisantes des capacités esthétiques de l'ouïe; capacités existant en germe chez tous les hommes; différemment la musique n'aurait pas de raison d'être; capacités qu'il faut développer, exercer, pour être apte à les manifester avec plus ou moins d'art, c'est-à-dire d'imagination, de génie.

La science de l'art est en nous, dans notre nature supérieure ; lorsque cette science se manifeste, elle a un nom, son nom c'est l'art.

La musique ou plastique de l'ouïe est donc à la fois science et art ; science qui est en nous dans notre nature supérieure (capacités esthétiques de l'ouie) ; art [1] qui est en nous (imagination). Science créatrice de la forme, et en musique la création n'est pas douteuse, tandis que la science qui connaît, comprend, explique, ne crée pas, elle ne fait que découvrir les rapports nécessaires de ce qui *est*.

— Si l'art manifeste réellement notre nature supérieure, notre science supérieure, quel est donc le rôle de la science qui connaît, comprend, explique ?

Son rôle dans ses rapports avec l'art est bien simple, il se réduit à constater cette science qui est en nous, afin d'y découvrir les éléments antérieurs à tous les systèmes de musique, c'est-à-dire la partie invariable, nécessaire de ces capacités. Connaître scientifiquement c'est découvrir les rapports nécessaires, et il n'y a de nécessaire que les rapports dérivant de la nature des choses, nous l'avons déjà dit.

Dans ces conditions modestes, la science ne peut qu'être utile à l'art, ne serait-ce que pour concourir

---

1. Tout art, dit M. Destutt de Tracy, repose sur une science ; c'est la science qu'il faut découvrir, etc., etc. Il aurait dû ajouter que l'art (forme du beau) fait exception, étant à la fois science et art. En musique surtout, c'est l'art qu'il faut créer d'abord, l'art, manifestation de la science qui est en nous.

avec plus d'intelligence au développement normal des capacités esthétiques de l'ouïe existant chez l'homme, mais seulement à l'état de germe, il ne faut pas l'oublier. Sans doute c'est le travail pratique qui fait le musicien et non les théories et les explications ; mais ce travail pratique sera plus ou moins normal suivant qu'on connaîtra mieux la nature des choses.

Si, méconnaissant la nature des choses, le savant prétend dominer l'art et trouver la raison d'être de l'art hors nous dans les sciences physiques, mathématiques, etc., etc. ; non-seulement la science est inutile, mais elle est nuisible à l'art ; et comment en pourrait-il être autrement, les mathématiques par exemple s'occupent des propriétés de la grandeur et de la quantité en tant que mesurables et calculables? L'art manifeste les capacités esthétiques de l'ouïe d'apprécier la relation des sons (convenance et disconvenance des sons) ; relation des sons qui dépend, il est vrai, du nombre de vibrations dans le même temps ; mais les nombres, ainsi que le phénomène physique que nous avons analysé, chapitre C, ne servent qu'à constater [1],

1. M. Fétis, du reste, l'avait pressenti lorsqu'il disait, à propos de la gamme moderne, page 248 de son *Traité d'harmonie :*

« Mais, dira-t-on, quel est le principe de ces gammes, et qui
« a réglé l'ordre de leurs sons, si ce ne sont des phénomènes
« acoustiques et les lois du calcul? Je réponds que ce principe
« est purement métaphysique, nous concevons cet ordre de phé-
« nomènes mélodiques et harmoniques qui en découlent par une
« conséquence de notre conformation, de notre éducation. C'est
« un fait qui existe pour nous, par lui-même, et indépendamment
« de toute cause étrangère à nous. Eh quoi! on ne voudrait pas
« accorder qu'il a suffi de notre *instinct* réuni à l'expérience,
« pour poser dans une gamme les bases des jouissances destinées

à mettre sous nos yeux, pour ainsi dire, les capacités
esthétiques de l'ouïe, les nombres ne créent pas ces capacités, différemment les plus grands mathématiciens
seraient aussi de grands musiciens.

Les principes mathématiques (propriétés de la grandeur, etc., etc.) étant hors nous, le mathématicien ne
fait que les découvrir ; les principes de l'art existant
en nous dans notre nature supérieure (capacités es-·
thétiques de l'ouïe), la confusion, la lutte doit surgir
logiquement, dès que la science, méconnaissant la
nature des choses, prétend établir les principes de
l'art sur les mathématiques ou des phénomènes physiques ; lutte qui n'est pas nouvelle, elle existait entre les pythagoriciens voulant qu'on employât, pour
établir les fondements de l'art, le raisonnement et le
pur calcul ; et les aristoxêniens soutenant au contraire
que l'on devait s'en remettre uniquement au juge-
ment de l'oreille ; lutte interminable, lutte sans issue
possible, puisqu'il y a confusion, non pas des langues, mais des principes, ce qui est autrement grave.
Avec la confusion des principes on arriverait à dé-
montrer mathématiquement dans beaucoup de cas
qu'un intervalle musical est faux, lorsque l'oreille
l'entend, le reconnaît juste ; en général, en confon-
dant les principes on met aisément en contradiction

« à notre intelligence et l'on cherchera dans quelques phéno-
« mènes acoustiques les causes secrètes de cette organisation
« d'une tonalité faite à notre usage ! »

L'instinct musical, dont parle M. Fétis, qu'est-ce, sinon les capacités esthétiques de l'ouïe? L'expérience musicale n'est que l'application plus ou moins satisfaisante de ces capacités.

4.

l'intelligence qui connaît, comprend, avec l'intelligence qui sent, le sentiment.

Qu'on établisse sur des principes physiques, mathématiques, etc., la construction des instruments de musique et du local propre à la musique, cela découle de la nature des choses, ces choses-là sont *hors nous*, tandis que la musique, on ne saurait trop le redire, étant la manifestation des capacités esthétiques de l'ouïe, c'est en nous, dans les capacités esthétiques de l'ouïe qu'est son principe. En dehors de ces conditions la science ne correspond pas à l'art, la science méconnaît ses rapports avec l'art, c'est l'abus de la science.

L'idée fixe des théoriciens dans le passé, l'erreur pour ainsi dire chronique de la science dans ses rapports avec l'art, vient de ce qu'elle n'a pas compris que l'art (forme du beau) n'est pas dans les mêmes conditions vis-à-vis des sciences physiques, mathématiques, etc., que les industries et les arts divers. L'industrie et les arts divers ne sont et ne peuvent être que des applications plus ou moins heureuses des sciences physiques, chimiques, mathématiques, etc., le génie de l'homme dans l'industrie utilise ce qui est hors nous, les lois de ce qui est hors nous, lois de la matière, de la matière organisée, etc., etc. Tandis que l'art (forme du beau) manifeste, je le répète, une science qui est en nous, dans notre nature supérieure.

Les théoriciens n'ont pas vu que la science et l'art mettent en toute évidence la double science de l'homme ; la science qui connaît, comprend, explique ; et la science qui ne comprend ni n'explique, qui fait mieux, elle sent et manifeste sa science en créant l'art.

Si la science qui explique, connaît. dans ses rapports avec l'art, n'explique pas la science qui est en nous, science créatrice de l'art, qu'explique-t-elle ? Elle explique simplement l'idée que le théoricien-mathématicien ou physicien se fait de l'art, ou du moins les rapports plus ou moins ingénieux de l'art avec les sciences physiques, mathématiques, etc., etc., mais non pas les rapports nécessaires, car il n'y a de nécessaire que les rapports dérivant de la nature des choses.

Aussi, par la pensée, embrassant tous les livres, et ils sont nombreux, qui s'occupent d'expliquer scientifiquement la raison d'être de la musique ; dès que les éléments scientifiques ne reposent pas sur les capacités esthétiques de l'ouïe, il n'y a pas lieu de discuter sérieusement ces travaux, quels que soient le mérite, le génie des auteurs sous d'autres rapports, car ils méconnaissent les principes ; c'est de la science, à propos de l'art, mais ne correspondant pas à l'art [1].

1. Tous les systèmes, dit M. Fétis, *Traité d'harmonie*, p. 248, ont eu pour principes l'un des quatre ordres de faits suivants : « 1° résonnance harmonique ; 2° progression arithmétique ; « 3° construction arbitraire des accords ; 4° division arbitraire du « monocorde.

« Il est donc évident que tous ces systèmes découlent plus ou « moins des sources qui ne sont pas intimement liées à la mu- « sique en elle-même, c'est-à-dire à l'art tel qu'il se manifeste « dans ses résultats immédiats, et que dans tous il a fallu jusqu'à « un certain point ajuster cet art au principe étranger qu'on lui « donnait.

« La seule chose à laquelle on n'a point songé directement,

La théorie physico-musicale des traités de physique est précisément dans ce cas : la gamme qu'on y a introduite empiriquement, n'est pas la gamme du système moderne, elle n'a pas de sensible, ou plutôt elle en aurait deux. C'est la gamme d'un système qui existait peut-être il y a deux ou trois cents ans. D'autre part, la gamme n'est pas une série de secondes comme le ferait supposer la théorie des physiciens, la gamme est le résumé du système, elle en contient les éléments, éléments qui ont leur raison d'être dans les capacités esthétiques de l'ouïe et non dans la physique.

Et la preuve évidente que la science et l'art manifestent deux aspects parfaitement distincts de la science humaine, de l'intelligence humaine, c'est que le savant ne s'aperçoit pas que cette gamme d'origine douteuse ne correspond pas au système moderne [1].

De son côté, le musicien en suivant son instinct pratique, sa science secrète, fait la gamme avec la sen-

---

« c'est de chercher le principe de l'harmonie dans la musique
« elle-même, c'est-à-dire dans la tonalité, etc., etc. »

Seulement distinguons, c'est très-important ici : Les divers systèmes n'étant que la manifestation des capacités esthétiques de l'ouïe, c'est en nous et non dans la *musique* qu'il faut d'abord chercher les principes antérieurs à tous les systèmes. Ensuite un système étant donné, par exemple le système moderne, on découvre les éléments du système dans la musique du système.

Cette distinction donne la clef des contradictions apparentes plutôt que réelles qui existent entre les explications de M. Fétis et les miennes.

1. M. Fétis est, je crois, le premier et peut-être le seul qui ait signalé le fait que le système a changé sans que les théoriciens s'en soient aperçus.

sible, sans s'inquiéter de l'explication, sans s'apercevoir même que l'explication ne correspond pas au fait pratique.

La physiologie de la voix chantée va nous fournir un autre exemple de la science ne correspondant pas à l'art, de la science méconnaissant la nature dès choses. La gravité de l'accusation, son importance pour l'avenir de l'art, nous obligent à traiter le sujet avec les développements qu'il comporte.

CHAPITRE IX

§ 1, — Préjugé propagé par la science sur la voix chantée.

L'appareil vocal est susceptible de produire une infinité de sons hurlés, criés, des sons de nez, des sons dits de fausset, de tête, etc., les sons articulés des idiomes ; et on peut donner à ces sons très-divers, auxquels la voix est mêlee à quelque degré, une intonation musicale.

Mais l'appareil vocal ne fonctionne, au point de vue esthétique, qu'alors qu'il produit un son manifestant la vie. A ce moment, le son, à part sa qualité musicale (intonation), est une voix, c'est-à-dire, quelque chose d'intelligent par l'ouïe, par sa nature, elle mafeste quoi ? La vie au sens de l'ouïe, la vie, condition indispensable pour y incarner l'âme ; comment, en effet, animer ce qui n'a pas vie ?....

Au chapitre A, nous avons vu que l'ouïe distingue le son musical des sons et bruits vulgaires ; ici nous constatons une nouvelle capacité de l'ouïe, celle de distinguer la voix des sons que l'appareil vocal peut produire.

La voix ', partout et toujours, est le son qui a vie, et partout et toujours elle se produit dans les mêmes conditions de respiration, que l'appareil vocal soit bon, mauvais ou médiocre.

Pour émettre la voix, il faut que l'oreille entende cet idéal du son, pour ainsi dire, afin de faire fonctionner l'appareil de manière à produire une voix et non un mélange de son et de voix, l'appareil vocal n'étant qu'un instrument dépendant, soumis à l'ouïe, *un organe au service des capacités esthétiques de l'ouïe;* organe d'autant plus propre à faire valoir ces capacités, qu'il sera dans des conditions physiques satisfaisantes, mais surtout et par-dessus tout que la communication, la relation entre l'ouïe et l'organe sera plus parfaite : s'agit-il de l'intonation des sons, c'est l'oreille qui dirige l'organe pour lui faire produire les intonations du système qu'on se propose d'apprendre. Si l'oreille est fausse, ce qui est rare, quoi qu'on en dise, ou bien ce qui n'est pas rare, que la communication entre l'ouïe et l'appareil vocal soit imparfaite, quelle que soit la bonté matérielle de l'organe vocal, le son

1. J'ai adopté l'expression de voix chantée, uniquement pour distinguer le son qui a vie, c'est-à-dire la voix produite par l'appareil fonctionnant au point de vue esthétique, des voix diverses (mélanges de son et de voix) que l'appareil vocal peut produire : voix parlée, hurlée, criée, voix dite de fausset, de tête, etc., etc.

ne sera pas satisfaisant. Au contraire, que l'oreille soit juste, la relation entre l'ouïe et l'appareil vocal parfaite, si médiocre que soit l'organe vocal, le son non-seulement sera irréprochable pour la justesse, mais l'ouïe améliorera, transformera l'organe vocal par l'exercice.

C'est déjà difficile d'habituer l'appareil vocal aux intonations musicales d'un système donné ; la difficulté est bien autrement sérieuse, pour faire fonctionner l'appareil de manière à lui faire produire une voix et non un son, il ne s'agit de rien moins que de réduire la double fonction de respiration et d'émission de voix à une seule fonction de l'appareil : aspiration de l'air nécessaire à la vie, et expiration d'une voix ; deux fonctions, l'une soumise à la volonté, l'autre non soumise à la volonté, qu'il s'agit de coordonner, de simplifier.

Et c'est nécessairement l'exception, la très-grande exception, après l'âge de puberté, qui parvient à faire fonctionner l'appareil vocal dans ces conditions. Tout le monde, excepté les sourds de naissance, possède en germe les capacités esthétiques de l'ouïe, mais pour les manifester c'est nécessairement l'exception qui est à même de les manifester, car il faut d'abord développer ces capacités, ensuite habituer l'appareil vocal à obéir à l'oreille, en faire en quelque sorte un serviteur docile de l'ouïe, soit pour l'intonation musicale, soit pour la simplification des fonctions dont nous venons de parler.

Telles sont les nécessités dérivant de la nature des choses.....

—Les physiologistes n'ont pu s'occuper de la voix au point de vue esthétique, car 1° ils expliquent la fonction de l'appareil vocal, moins la respiration, c'est-à-dire moins la vie ; et c'est précisément dans la coordination des deux fonctions respiratoire et vocale qu'est toute la difficulté. D'ailleurs, ce n'est pas une voix qu'ils produisent artificiellement, et sans le concours des parties supérieures de la phonation, c'est un son ; la voix implique la vie, manifeste la vie, nous ne saurions trop le répéter.

2° Ils expliquent la fonction de l'appareil, moins le sens de l'ouïe, duquel dépend l'appareil non pour la fonction respiratoire, mais pour la fonction vocale soumise à la volonté et dirigée par l'ouïe.

3° Enfin c'est la fonction naturelle commune à tous, que la science des physiologistes explique, elle ne pouvait s'occuper de la fonction esthétique c'est-à-dire de l'exception ; d'abord il aurait fallu être artiste à quelque degré pour faire fonctionner son appareil bon ou mauvais, de manière à produire les voix ; ensuite de quelle utilité aurait été, pour l'art médical, des recherches laborieuses sur la fonction esthétique de l'appareil vocal, fonctions exceptionnelles ?

Assurément, on ne nous supposera pas l'outrecuidance de faire la critique des travaux importants des physiologistes sur la voix, nous voulons simplement constater que les physiologistes se sont occupés des fonctions de l'appareil naturelles, communes à tous, au point de vue médical ; qu'ils n'ont pu s'occuper de l'exception, c'est-à-dire, de la fonction esthétique de l'appareil, fonction qui produit la voix (son qui a vie).

Aussi, les travaux des physiologistes sur la voix, excellents, parfaits, au point de vue médical, engendrent-ils directement ou indirectement la confusion, l'erreur, dès qu'on prétend les appliquer aux fonctions esthétiques de l'appareil, cela se conçoit facilement, on méconnaît la nature des choses.

Mais là n'est pas le danger, les musiciens, les professeurs de chant s'occupent fort peu généralement des travaux scientifiques de la voix. Le danger sérieux, danger indirectement produit par les travaux importants des physiologistes sur la voix, consiste dans ce préjugé absurde que les voix sont rares parce que les bons instruments manquent. Préjugé que la science positive des physiologistes contribue à entretenir dans les esprits; en effet, les physiologistes ne s'occupant que de la fonction de l'appareil commune à tous, et n'en supposant pas d'autres, si les voix sont rares, c'est qu'évidemment c'est la faute des instruments, puisqu'il n'y a qu'une fonction, la même pour tous.

C'est l'opinion d'à peu près tout le monde, c'est l'opinion des savants, des ignorants, des musiciens distingués, des compositeurs illustres, etc., etc. C'est pourtant le contraire qui est vrai, les voix sont rares, non pas parce que les bons instruments manquent; mais parce que jamais l'appareil vocal n'émet la voix *naturellement*[1] après l'âge de puberté. Naturellement on émet des sons auxquels la voix est mêlée à divers degrés, un mélange de son et de voix, puisque tout le

---

1. Les exceptions sont si rares qu'elles confirment la règle.

monde parle, crie, hurle, etc., etc. ; mais la voix, c'est-
à-dire le son dans lequel la vie est incarnée, ne se
produit, du moins dans toute l'étendue de l'échelle,
qu'alors qu'on sait respirer[1], ce qui signifie réduire la
double fonction de l'appareil à une simple fonction.

Les bons instruments ne sont pas rares, ce qui est
rare c'est *la voix*, que l'instrument soit bon, mauvais
ou médiocre ; comment en pourrait-il être autrement ?
L'art manifeste notre nature, mais par son beau côté ;
pour être capable de la manifester, il faut bien débarrasser cette nature supérieure de ce qui n'est pas elle,
par exemple, pour la voix, il faut bien la débarrasser
de ce mélange de son et de voix ; et c'est nécessairement l'exception qui parvient à ce résultat, que l'appareil vocal soit bon, mauvais ou médiocre.

Ce que l'appareil vocal émet naturellement, je le
répète, c'est un mélange de son et de voix, correspondant à notre double nature animale et supérieure.

— Qu'importe, dira-t-on, que les voix soient rares,
parce que les bons instruments manquent, ou bien
parce que l'appareil vocal ne produit jamais la voix
naturellement ?...

Il importe beaucoup, dans un cas il y a impuissance
radicale absolue, on peut dire que la nature est insuf-
fisante, tant les voix naturelles sont rares. Dans l'autre
l'impuissance n'est que relative, c'est notre ignorance,

1. Marquer les endroits de la phrase musicale où on doit
prendre respiration, ce n'est pas apprendre à respirer, c'est apprendre à phraser. Le mot respiration appliqué au chanteur a
une autre signification, un chanteur sait respirer lorsqu'il fait
fonctionner l'appareil au point de vue esthétique.

c'est parce que nous méconnaissons la nature des choses que les voix sont rares, il ne s'agit que de savoir choisir des sujets dans des conditions matérielles satisfaisantes, s'occuper sérieusement à établir la fonction esthétique de l'appareil, et compter beaucoup moins sur les voix toutes faites, et même n'y pas compter du tout...

Nous allons voir comment on choisit les sujets dans des conditions matérielles satisfaisantes, ou plutôt nous allons voir en quoi consiste la science qui s'occupe de la fonction de l'appareil vocal au point de vue esthétique, la science correspondant à la voix, et les difficultés qu'il a fallu vaincre pour la découvrir.

§ 2. — La science correspondant à la voix chantée est l'AUSCULTATION au point de vue esthétique.

La physiologie de la voix au point de vue esthétique repose sur le sens de l'ouïe ; avec les yeux on ne connaît que la partie matérielle de l'organe vocal, ce qui est très-suffisant pour le chirurgien et le médecin, mais tout à fait insuffisant au point de vue esthétique ; l'œil ne saurait voir la fonction esthétique de l'appareil, même avec l'aide du laryngoscope, tandis qu'on entend la fonction lorsqu'on sait écouter. C'est donc l'auscultation ou exploration des phénomènes intérieurs au moyen de l'ouïe qui est la véritable science de la voix, l'ouïe découvrant les phénomènes internes qui échappent à l'œil.

« Dans le langage médical, le mot auscultation

« désigne une méthode de diagnostic qui est basée
« sur la connaissance des bruits que l'organisation
« en fonction produit, soit dans l'état sain, soit dans
« l'état de maladie. Elle comprend l'étude de tous les
« bruits qui peuvent être perçus à distance ou par
« l'oreille immédiatement appliquée sur la région qui
« résonne, etc., etc. Depuis l'application que Laën-
« nec a faite de l'auscultation à la connaissance des
« maladies, les travaux se sont multipliés ; on a
« étendu les moyens d'investigation consacrés d'a-
« bord à l'étude des bruits des poumons et du cœur,
« à une foule d'autres applications, etc., etc. »

L'auscultation de la voix, au point de vue esthétique, se propose de constater non pas l'état de santé
ou de maladie de l'appareil vocal, il est supposé en
bon état ; mais simplement si l'appareil vocal, quel
qu'il soit, bon, mauvais ou médiocre, émet une voix
et non un mélange de son et de voix.

Et comme personne, après l'âge de puberté, n'émet
naturellement la voix, on n'émet naturellement et
sans travail, si bien conformé que soit l'appareil,
qu'un mélange de son et de voix, l'auscultation
constate en réalité à quel degré la fonction esthétique de l'appareil existe ; elle dit en outre s'il y a des
empêchements matériels à la fonction, provenant de
l'appareil vocal ou des parties qui concourent à la
phonation, ou bien si l'imperfection de communication entre l'ouïe et la voix fait obstacle à ce que la
fonction esthétique puisse jamais s'établir, quels que
soient les exercices de solfége, vocalise, etc., auxquels on se soumette.

L'auscultation est basée, non sur la connaissance des bruits que l'organisation produit, mais sur la différence qui existe entre la fonction esthétique de l'appareil vocal et la fonction vulgaire ; différence qui se constate tout simplement en écoutant la voix à distance.

Dès que l'illustre Laënnec a pensé que les bruits de l'organisation devaient être les mêmes chez tous les hommes en bon état de santé, il n'a eu qu'à écouter ces bruits avec intelligence pour créer l'auscultation médicale.

L'auscultation de la voix au point de vue esthétique n'était pas si simple à établir, il fallait d'abord découvrir une base scientifique ; et quand on songe qu'il n'y a pas deux voix semblables, que les voix varient comme les visages, il paraît au premier abord impossible d'établir l'auscultation au point de vue esthétique sur une base scientifique, c'est-à-dire sur des rapports nécessaires, invariables.....

Pourtant si chacun a sa voix comme son visage, invariablement aussi l'appareil vocal, quel qu'il soit, fonctionne partout et toujours de la même manière pour produire la voix et non un mélange de son et de voix, la difficulté est toujours de réduire la double fonction de respiration et d'émission de voix, à une seule fonction : aspiration de l'air nécessaire à la vie, et expiration d'une voix.

Pour découvrir cette base scientifique si simple en apparence, il m'a fallu des années faire des expériences personnelles, avec un organe vocal rebelle, poussé par cette idée fixe que, les beaux-arts manifestant notre nature supérieure, il devait exister en nous un son particulier, une fonction spéciale, correspondant à cette nature supérieure. Et j'ai constaté en effet, à travers des difficultés incroyables [1], qu'il y a deux fonctions : la fonction vulgaire et la fonction esthétique. La fonction vulgaire, naturelle de l'appareil vocal, produit *naturellement* un mélange de son et de voix, car tout le monde parle, hurle, crie, etc., etc.; la fonction esthétique de l'appareil vocal produit la voix, et non un mélange de son et de voix. Cette voix, que l'appareil vocal soit bon, mauvais ou médiocre, fera toujours de l'effet par cela seul qu'elle est voix, vie. Partout et toujours, c'est facile à vérifier, la supériorité du chanteur, quel qu'il soit, dépend de ce qu'il émet la voix, et non un mélange de son et de voix comme les chanteurs vulgaires.

Cette base découverte on a la science de sa voix, on sait faire fonctionner l'appareil vocal au point de vue esthétique, on est ou on deviendra chanteur, il n'y a qu'à exercer l'organe; mais on ne possède pas la science de *la voix*. Pour posséder la science de la voix, il faut habituer le sens de l'ouïe à distinguer chez les autres la voix du son, ou plutôt à distinguer à quel degré existe le mélange de

---

1. Ceux qui même avec mes indications voudront faire produire la voix à leur appareil bon, mauvais ou médiocre, pourront apprécier, par les difficultés qu'ils rencontreront, combien de temps il m'a fallu pour distinguer la fonction esthétique de la fonction vulgaire, égaré, influencé par les travaux importants, sérieux des physiologistes, les préjugés sur la voix, les méthodes sur la voix, donnant une singulière idée de la respiration du chanteur.

son et de voix, quels que soient l'habileté, l'artifice du chanteur, que l'appareil vocal soit bon, mauvais ou médiocre, exercé ou non exercé ; telle est la science de la voix, science nouvelle, car personne n'a eu le loisir ni la volonté persévérante d'écouter pendant dix ans sa voix et celle des autres, pour établir une science présentant des difficultés presque insurmontables, exigeant des exercices très-pénibles. D'ailleurs qui aurait songé à se livrer à ces expériences alors qu'il est généralement admis que la voix est un don naturel?....

Difficultés presque insurmontables dérivant de la nature même des choses. En effet, l'auscultation au point de vue médical repose sur un phénomène naturel, elle explore les bruits qui existent. L'auscultation esthétique explore ce qui n'existe pas, ce *qui devrait être*, qu'il faut d'abord découvrir en soi, puis reconnaître chez les autres, à quelque degré que la voix soit mêlée au son.

Aussi l'auscultation, au point de vue esthétique, sera-t-elle toujours, par la nature même des choses, une science personnelle à quelques individus, et exclusivement réservée aux artistes, je veux dire qu'il faudra être artiste, mais qu'il ne suffira pas d'être artiste, et même illustre, pour posséder la science de l'auscultation.

L'auscultation au point de vue esthétique est une science nouvelle ; entendons-nous, comme science c'est nouveau, mais autrefois il y a eu en Italie des maîtres célèbres, qui avaient découvert d'instinct la fonction esthétique de l'appareil vocal, leurs écoles etaient renommées, non pas assurément qu'on y enseignât la musique mieux ou autrement qu'ailleurs, mais uniquement par leur science personnelle de la voix, la musique n'étant pour ces maîtres qu'un moyen d'établir la fonction esthétique de l'appareil, une simple gamme suffisait.

Voyons maintenant les conséquences pratiques de cette nouvelle science :

Supposons qu'au Conservatoire impérial de musique (c'est seulement dans les écoles du gouvernement qu'il est possible de faire l'éducation sérieuse des chanteurs destinés aux théâtres lyriques) on n'admette que des sujets dans des conditions matérielles satisfaisantes, c'est-à-dire des sujets chez lesquels la fonction naturelle de l'appareil vocal se rapproche le plus de la fonction esthétique, ce qui *est* se rapprochant le plus de ce qui *devrait être;* et qu'on soit bien convaincu que l'éducation du chanteur comprend deux choses : 1° la fonction esthétique de l'appareil vocal ; 2° la musique vocale.

La fonction esthétique étant la partie de l'éducation la plus difficile, la plus importante, car jamais on ne sera chanteur si on ne sait pas respirer, le rôle de la musique est nécessairement l'accessoire dans l'éducation première du chanteur, on ne doit la considérer, au début, que comme un moyen d'établir la fonction esthétique, une gamme suffit au besoin.

La fonction établie, vous êtes chanteur, je veux dire que vous savez vous servir de votre instrument, il n'y a qu'à l'exercer dans les œuvres du système, ancien ou moderne, que vous devez interpréter; pour bien faire comprendre la distinction qui existe entre le chanteur et le musicien, nous dirons que le musicien connaît la musique d'un système donné, ou de plusieurs systèmes ; le chanteur est instrumentiste, il sait jouer de son instrument, et de plus il est musicien.

— L'éducation des sujets du Conservatoire impérial étant terminée au point de vue de la fonction et de la musique, *tous* les élèves sortant de l'école seront chanteurs, aussi bons, par exemple, que les artistes actuels de l'Académie de musique, et chanteurs célèbres, s'ils ont du génie et un appareil vocal satisfaisant.

Si au contraire, partageant le préjugé en vogue, que la voix est un don naturel, ce qui, au fond, signifie que l'appareil vocal fonctionne naturellement au point de vue esthétique, le Conservatoire ne s'occupe sérieusement que de l'éducation musicale des élèves, le Conservatoire fera d'excellents musiciens, des acteurs irréprochables, mais pas de chanteurs, c'est impossible, et d'un autre ordre [1] ; et on sera réduit, pour nos grandes scènes lyriques, à chercher des voix toutes faites auxquelles on n'aura qu'à donner quelques notions de musique ; c'est plus simple que de se donner la peine de faire l'éducation

---

1. Le diapason n'était pour rien dans la rareté des chanteurs, on le voit bien maintenant ; bien mieux on abaisserait de nouveau le diapason, que les chanteurs deviendraient encore plus rares. J'expliquerai pourquoi une autre fois en m'occupant des bases scientifiques du diapason.

5.

complète normale du chanteur, d'après les nécessités dérivant de la nature des choses.

Aussi les voix sont-elles rares, ou plutôt la voix est rare, parce qu'on n'aide pas la nature, on la *méconnaît*; et ainsi se perpétue ce préjugé absurde s'il en fut, que les bons instruments manquent, comme si la puissance de la voix était en quelque sorte matérielle, physique.

La véritable puissance n'est pas dans la partie matérielle de l'instrument, mais dans la vie qu'il manifeste à l'ouïe. En d'autres termes, la puissance véritable de la voix est expressive et non matérielle, c'est ce que nous allons essayer d'expliquer.

§ 3. — La véritable puissance de la voix n'est pas dans les qualités physiques de l'appareil.

Le son qui a vie est une voix, il manifeste la vie au sens de l'ouïe, matériellement, si je puis dire, en transformant l'air à expirer en voix.

La voix par sa nature est donc intelligente pour l'ouïe, elle exprime quoi? La vie; si l'air à exprimer n'est pas complétement transformé en voix à son passage au larynx, ce n'est plus une voix pour l'ouïe, c'est un mélange de son et de voix, quelque chose d'informe, un son, le son naturel vulgaire qui, articulé, sert à former les idiomes divers, dont les éléments sont en effet un mélange de son et de voix (consonnes et voyelles), ces sons se produisent naturellement, puisque tout le monde parle son idiome.

Incarnez dans la voix l'âme, vous aurez un son animé, manifestant l'âme au sens de l'ouïe, par le timbre, le frémissement de la voix ; le timbre révèle à l'ouïe la nature intime des choses.

A ce moment, la voix par elle-même, par sa nature, est expressive, capable, sans le secours des paroles et de la musique, de manifester de l'homme à l'homme, ses sentiments par l'expression, dont l'action est sympathique. En physiologie, on désigne, par le mot sympathie, le rapport qui existe entre les actions de deux ou plusieurs organes plus ou moins éloignés, et en vertu duquel l'excitation ou l'affection de l'un détermine l'affection et l'action de l'autre ; la sympathie de la voix est analogue, seulement son action manifeste les rapports qui existent entre l'âme humaine par l'expression.

L'expression, à un point de vue général, est une langue, manifestant les sentiments de l'homme à l'homme, sans le secours des idiomes, langue riche ou pauvre suivant l'intelligence de celui qui l'emploie ; langue primitive antérieure et supérieure aux idiomes et aux systèmes de musique, langue d'origine divine, car elle dérive de notre nature ; l'expression qu'elle s'adresse aux yeux, aux oreilles, etc., est toujours identique, en ce sens que c'est toujours l'âme se manifestant au dehors.

Ainsi l'expression de la voix est inséparable de l'expression faciale, et même le geste, la démarche sont sous la dépendance de la voix ; différemment, l'expression qui s'adresse aux yeux serait en désaccord avec l'expression qui s'adresse à l'oreille [1].

— La voix expressive est antérieure et supérieure aux idiomes et aux systèmes de musique, elle communique à la musique et aux idiomes, la vie, l'âme, elle anime ces choses, c'est facile à comprendre : La musique est une langue exprimant les sentiments de l'homme à l'homme au point de vue du beau ; sentiments vagues, indéterminés. L'idiome spécifie, pour ainsi dire, le sentiment. La voix expressive donne la vie à ces choses pour le sens de l'ouïe, les anime ; l'ouïe entend simultanément sans y songer, absolument comme M. Jourdain parlait en prose sans y songer, trois choses : 1° les paroles ; 2° la musique ; 3° la qualité expressive de la voix ; ces trois choses correspondant à des capacités esthétiques de l'ouïe de différents ordres. Si la voix n'est pas expressive, l'oreille n'entend que la lettre de la musique et des paroles, ainsi que nous le verrons tout à l'heure.

Le mérite de la voix n'est donc pas dans les qualités matérielles de l'instrument : Etendue, volume, intensité des sons, le mérite principal de la voix est dans l'expression, la voix doit se mouler sur le sentiment à manifester ; conséquemment, elle doit varier son timbre, colorer les sons, si j'ose dire, suivant le sentiment des paroles et de la musique. La puissance réelle de l'instrument vocal ne consiste

---

1. Dans l'acoustique, au point de vue du beau, je compléterai les explications sur l'expression, je ne faisais qu'en dire un mot en passant.

pas à produire beaucoup de sons, le mérite est dans
la qualité des sons et non dans la quantité, le volume,
l'intensité, etc.

— Voyons maintenant en quoi consiste la puissance
matérielle du son : à cet effet, il n'y a qu'à écouter le
mélange de son et de voix, que chacun produit *naturellement* en ayant soin d'émettre le son dans toute
sa plénitude, avec une intonation musicale.

Si toutes les parties de la phonation fonctionnaient
au point de vue esthétique, ce serait une voix, mais
fonctionnant naturellement, c'est un son, moins la
vie, c'est-à-dire la partie matérielle de la voix.

Ce son est-il suffisamment exercé aux difficultés
musicales d'un système de musique, on est musicien, capable de manifester à l'ouïe correctement la
lettre de la musique et des paroles, mais non le
sentiment contenu dans les paroles et la musique;
l'ouïe ne perçoit simultanément que deux des trois
choses dont nous avons parlé plus haut: 1° les
paroles; 2° la musique, le son ne pouvant animer ces
choses, il manque de vie, d'expression, l'ouïe ne
saurait entendre ce qui n'existe pas; et encore, souvent n'entend-on pas les paroles. Ecoutez ce son,
isolez-le, si vous en êtes capable, de la musique et des
paroles, et il restera à l'ouïe l'impression d'un bruit
ou son inférieur matériellement aux sons des instruments de l'orchestre, inférieur même physiquement
aux sons du milieu du piano produits pourtant par la
percussion.

Ce mélange de son et de voix étant inexpressif, on
est obligé de le hurler, de le violenter pour lui don-

par artifice une expression matérielle en quelque sorte, qui ne saurait être ni simple ni vraie.

La puissance matérielle du son n'est d'une importance réelle que pour se faire entendre dans de très-vastes salles, par exemple pour professer des cours de chimie, physique, mathématiques, etc. L'expresn'a rien à voir ici, il ne s'agit pas d'exprimer des sentiments avec ou sans paroles, il n'est pas question d'éloquence, mais d'explications, de démonstrations à faire à des auditeurs placés à des distances plus ou moins grandes ; le son joue ici un rôle passif, matériel pour ainsi dire ; néanmoins, même dans ces conditions, plus le son se rapprochera de la voix, c'est-à-dire moins la voix sera mélangée de sons divers, plus la parole sera mordante et s'entendra au loin. Ces observations s'appliquent au son propre au commandement des troupes nombreuses en plein air, plus le son sera mordant, plus il se propagera au loin, clair et net.

— La puissance de la voix, au point de vue esthétique, est toute dans l'expression, avons-nous dit, et nous ajoutons ici, que l'appareil vocal soit bon, mauvais ou médiocre, la voix expressive fera toujours un bon effet dans un milieu convenable, tout dépendra du degré d'intelligence de celui qui s'en servira, car l'expression vivifie, anime les paroles et la musique.

Néanmoins toutes les voix ne sont pas propres au théâtre, la scène lyrique est un milieu qui exige des sujets de choix et une éducation sérieuse complète du chanteur, l'appareil vocal devant être développé dans toute sa puissance pour être capable d'interpréter convenablement le drame lyrique moderne.

Mais si toutes les voix ne sont pas propres au théâtre, tout le monde possède en germe une voix, quel que soit l'appareil vocal, bon, mauvais ou médiocre, cette voix partout et toujours fera de l'effet, je le répète, par ce fait seul que la voix est un son qui a vie, il ne s'agit que de l'animer, c'est-à-dire d'incarner l'âme, le sentiment.

Et l'effet, dans un milieu convenable, sera satisfaisant, si l'âme qui est un foyer de lumière et de sentiment est vraiment supérieure, la musique à exécuter d'ailleurs étant dans les moyens de la voix.

Aussi tout le monde, je veux dire tous ceux qui apprennent ou savent la musique, devraient exercer l'appareil vocal, non parce qu'ils supposent avoir une belle voix, mais au point de vue hygiénique comme gymnastique, c'est même la partie de la gymnastique la plus importante, la plus délicate, puisque l'appareil le plus essentiel à la vie, l'appareil respiratoire y est directement intéressé.

Les femmes qui sont musiciennes, les jeunes filles surtout qui ont peu d'occasions de faire de l'exercice, auraient grand tort de ne pas exercer leur voix. Seulement la grande difficulté est de faire produire à l'appareil vocal la voix et non un mélange de son et de voix ; les personnes qui essayeront de faire fonctionner l'appareil vocal, au point de vue esthétique, pourront se convaincre par les difficultés qu'elles rencontreront que partout et toujours c'est vraiment la voix qui est rare, que l'instrument soit bon, mauvais ou médiocre.

On n'a pas de voix, dit-on fréquemment, et pourtant on parle ; souvent même le son parlé est harmonieux et charme l'oreille, à Paris par exemple chez les femmes bien élevées ; et pourtant elles n'ont pas de voix, disent-elles, ce qui prouve évidemment que la voix parlée et la voix chantée sont des choses différentes, mais elles ne diffèrent pas seulement par l'intonation musicale, comme on le pense ; ainsi, dire qu'on n'a pas de voix, cela signifie en général qu'on n'a pas une voix capable de produire une échelle de sons très-étendue ; et comme on rencontre parfois des personnes qui émettent naturellement une échelle de sons assez étendue, ces personnes ont de la voix, dit-on, et par comparaison on juge qu'on n'en a pas.

Faites fonctionner l'appareil vocal au point de vue esthétique, ce qui signifie sachez respirer et vous saurez oui ou non si vous avez de la voix. L'exercice fera produire à l'appareil vocal la série des sons dérivant de sa conformation. Si vous n'avez jamais exercé l'appareil au point de vue esthétique, comment savez-vous si vous n'avez pas de voix ? Si vous n'avez, comme tout le monde, exercé l'appareil vocal que pour parler, c'est-à-dire pour lui faire produire un mélange de son et de voix, vous n'avez vu que des ombres dans la caverne de Platon.

CHAPITRE X

RÉSUMÉ, importance philosophique de l'acoustique musicale.

L'acoustique musicale s'occupe du son musical au point de vue esthétique, c'est-à-dire au point de vue de l'art et du beau ; elle repose sur les capacités esthétiques de l'ouïe.

Les éléments de l'art antérieurs et supérieurs à tous les systèmes sont contenus dans les chapitres A, B, C, D, E.

Les systèmes de musique n'étant et ne pouvant être que des manifestations plus ou moins satifaisantes des capacités esthétiques de l'ouïe, tous les systèmes ont leurs éléments dans l'acoustique musicale, je veux dire que les intervalles de tous les systèmes sont contenus dans le chapitre C, provenant de la décomposition du rayon sonore, d'après les capacités esthétiques de l'ouïe.

Dans les chapitres Ier, II et III, nous expliquons comment dans le système moderne et le plain chant on a compris et appliqué les éléments de l'acoustique.

Aux chapitres IV, V et VI, nous indiquons comment les éléments de l'acoustique s'appliquent à la construction des instruments de musique et du local propre à la musique, et embrassent l'art musical tout entier.

Les chapitres VII, VIII et IX sont consacrés exclusivement à la partie philosophique de notre travail, afin d'établir les vrais rapports de la science et de l'art, rapports méconnus par la science.

C'est que l'art a sa science propre, indépendante des sciences physiques, mathématiques, physiologiques, etc., etc., science reposant sur les capacités esthétiques de l'ouïe, capacités que la science qui *connaît*, constate et ne crée pas, capacités qu'il fallait découvrir.

Dans un autre travail, nous l'avons déjà dit, nous nous occuperons du son musical au point de vue du beau. C'est avec intention que nous séparons ainsi les éléments de l'art et les éléments du beau, afin de faire mieux ressortir la distinction entre l'art et le beau, qu'on confond trop fréquemment en s'occupant d'esthétique.

L'art et le beau sont des choses parfaitement distinctes, en musique c'est de toute évidence, l'art et le beau correspondant à des capacités esthétiques de différents ordres : les éléments de l'art reposent sur les capacités de l'ouïe d'apprécier la relation des sons (convenance et disconvenance des sons). — Les éléments du beau reposent sur les capacités de l'ouïe correspondant à la vie, l'âme du son musical, c'est-à-dire l'expression.

— L'acoustique musicale est une science nouvelle et bien nouvelle, puisque ses éléments reposent sur des capacités esthétiques de l'ouïe qu'il fallait découvrir, c'est en quelque sorte un sens nouveau, le sens esthétique qu'il fallait découvrir; la sensation esthétique, si j'ose ainsi parler, est autre chose que la sensation auditive commune à l'animalité, c'est la sensation et l'intelligence innée réunies, c'est pour ainsi dire le sentiment. L'illustre Leibnitz dit quelque part que la musique est un calcul secret fait par l'âme à notre insu; acceptons l'explication, mais seulement pour distinguer la sensation auditive commune à l'animalité, de la sensation esthétique de l'ouïe.

L'acoustique musicale est une science nouvelle, nous avons insisté sur ce point à différentes reprises et nous y revenons ici, pour bien faire comprendre que le lecteur doit être indulgent pour les erreurs de détail et autres inévitables dans un travail embrassant des matières si diverses [1] à un point de vue nouveau; ceci entendu, continuons notre résumé :

L'acoustique musicale, science nouvelle, ne s'occupe que de la musique ou plastique de l'ouïe; c'est la science du son musical au point de vue esthéti-

---

1. Première partie. — Eléments de l'acoustique, reposant sur les capacités esthétiques de l'ouïe, capacités qu'il fallait découvrir.

Deuxième partie. — Eléments du système moderne découverts dans la gamme du système.

Troisième partie. — Comment les éléments de l'acoustique s'appliquent à la construction des instruments et du local propre à la musique.

Quatrième partie. — Philosophie de l'art : découvrir les vrais rapports entre la science qui *connaît* et l'art; rapport correspondant à la double lumière de l'âme. Montrer que la science méconnaît la nature des choses, soit pour la gamme, soit pour la voix, et découvrir l'auscultation, science correspondant à la voix chantée.

On le voit, les matières sont très-diverses, et pourtant ces éléments nouveaux, d'une véritable encyclopédie musicale, sont sortis de l'analyse du son musical *en nous*, c'est-à-dire de ce que l'oreille découvre dans le son musical et la voix.

que, c'est-à-dire au point de vue de l'art et au point de vue du beau. Mais si l'acoustique contient réellement les éléments de l'art qui s'adressent à l'ouïe, ces éléments s'appliquent aux diverses branches des beaux arts, à moins que les lois de la forme ne soient différentes suivant que l'art s'adresse aux oreilles, aux yeux, à l'intelligence, etc., etc. Or partout et toujours, l'art (forme du beau) implique la simplicité des rapports dans l'unité, que les rapports se constatent par des nombres, ou bien que par nature ils ne puissent s'exprimer en nombres; par exemple, en littérature, on comprend parfaitement que le discours est un, il se réduit à une seule proposition mise au plus grand jour par des tours variés, le discours c'est la proposition développée.

L'art apparaît dès qu'on présente sa pensée dans une certaine relation; il ne suffit pas de juxtaposer les idées d'après les règles de la syntaxe pour engendrer la forme, il les faut mettre dans une certaine relation, et l'unité est évidemment la relation la plus simple; car l'unité, c'est à la fois identité, variété et simplicité de rapport; sans relation pas d'unité, sans unité pas de forme, et conséquemment pas d'art.

Ce que nous disons de l'art nous le disons pour le beau.

Si l'acoustique contient réellement les éléments du beau qui s'adresse à l'ouïe, ces éléments s'appliquent aux branches diverses des beaux-arts, à moins que le beau perçu par l'ouïe, les yeux, l'intelligence ne sont d'une nature différente, ce qui impliquerait contradiction.

A ce compte, l'esthétique, science du beau et de l'art (forme du beau), reposerait sur le sens de l'ouïe, qui ne perçoit pourtant ni la forme matérielle, ni la couleur, etc., etc. C'est que l'ouïe est le sens pour ainsi dire esthétique, il ne perçoit que ce qu'il y a d'immatériel dans les choses. Ainsi l'ouïe a la capacité esthétique d'apprécier la convenance et disconvenance des sons, cette capacité, cette science innée, cet instinct si on veut, repose précisément sur les conditions mêmes de la forme et de toute forme : identité, variété et simplicité de rapports.

L'ouïe perçoit en outre la vie du son, puis enfin l'ouïe perçoit l'âme du son. Triple capacité esthétique de l'ouïe correspondant à l'art et au beau ; et remarquez que l'ouïe perçoit ces choses dans le son musical, c'est-à-dire dans ce qu'il y a de moins matériel, quelque chose faisant un nombre de vibrations dans le temps.

L'esthétique ne saurait établir ses éléments sur un sens plus indépendant de la matière, moins sujet aux erreurs et aux distractions de la matière.

Quoi qu'il en soit, les éléments de l'art, les éléments du beau sont identiques, que l'art s'adresse aux yeux, aux oreilles, etc.

— L'acoustique musicale, bien que cela paraisse surprenant, contient les germes d'une révolution très-importante en philosophie, car l'acoustique musicale, en mettant en toute évidence la double intelligence de l'homme, c'est-à-dire l'intelligence ou aptitude à comprendre, à connaître, *explorant* les capacités esthétiques de l'ouïe, l'acoustique obligera la philosophie, qui fait une place si modeste à l'esthétique, à lui donner la place la plus importante, et surtout à la considérer comme une science sérieuse. D'ailleurs la psychologie n'est véritablement la science de l'âme qu'alors qu'elle embrasse la double intelligence, la double lumière de l'âme ; aptitude à connaître et science innée (sentiment sous ses diverses formes '), deux lumières de l'âme qui se complètent nécessairement. Si la psychologie n'embrasse pas ces deux aspects de l'intelligence qui constituent *le principe intelligent*, elle n'est la science que de la moitié de l'âme humaine ; et avec cette moitié la notion du beau lui échappe, ainsi que celle du bien, ces deux notions reposant sur la science innée.

1. Le sentiment, sous ses divers aspects, c'est la science innée existant en germe chez tous les hommes, science embrassant les faits premiers qui échappent à la faculté de connaître, et la faculté de connaître, elle-même, repose sur des vérités de sentiment : ainsi l'homme a le sentiment de son existence, de l'existence de ce qui n'est pas lui, le sentiment qu'il n'y a pas d'effet sans cause, et conséquemment le sentiment d'une cause première, le sentiment de l'infini, etc., etc. C'est le premier degré du sentiment servant de base à l'intelligence ou aptitude à connaître. L'illustre Descartes a dit : Je doute, donc je pense, donc je suis ; en réalité sa proposition est celle-ci : J'ai le sentiment de mon doute, j'ai le sentiment qu'il n'y a pas d'effet sans cause, donc je pense, donc je suis. Supprimez par la pensée ces faits premiers, le sentiment de son doute, et surtout le sentiment qu'il n'y a pas *d'effet sans cause*, et Descartes, ce grand génie, sera dans l'impuissance d'affirmer légitimement sa propre existence.

Le sentiment du beau est un nouvel aspect du vrai perçu par le sentiment.

Il ne faut pas oublier que la philosophie est la science des principes, elle doit contenir les principes du vrai [1], du beau, du bien, ou mieux elle doit contenir le vrai, le bien, le beau en principe ; c'est-à-dire ce qui constitue le vrai, le beau, le bien, invariables, éternels, impérissables, malgré les erreurs, les abus de l'humanité. Les systèmes de philosophie si divers qui existent ne pouvant être considérés que comme des explications plus ou moins satisfaisantes de ces principes, car il n'y a qu'une philosophie qui soit la vraie, c'est celle dont les principes (vrai, beau et bien) reposent sur la double intelligence de l'âme.

M. Cousin, dit dans son livre *du Vrai, du Beau, du Bien*, page 436 : « Ce n'est pas notre faute si Dieu

---

1. La philosophie dans tous les temps, dit M. Cousin (liv. du Vrai, du Beau et du Bien, p. 51) roule sur les idées fondamentales du vrai, du beau et du bien.

« L'idée du vrai, philosophiquement développée, c'est la psy-
« chologie, la logique, la métaphysique : l'idée du bien, c'est la
« morale privée et publique ; l'idée du beau, c'est cette science
« qu'on appelle en Allemagne esthétique, dont les détails regar-
« dent la critique littéraire et la critique des arts, mais dont les
« principes généraux ont toujours occupé une place plus ou moins
« considérable dans la recherche et même dans l'enseignement
« des philosophes, depuis Platon et Aristote, jusqu'à Hutcheson
« et Kant, etc., etc... »

Il n'y a pas deux morales, l'une privée, l'autre publique, la morale est une en principe. Les sociétés comme les individus se rapprochent plus ou moins de cette morale unique, suivant que les sentiments supérieurs existant en germe chez l'homme sont plus ou moins développés.

La psychologie, pour être réellement la science de l'âme, doit embrasser la triple notion du vrai, du beau, du bien.

« a fait l'âme humaine plus vaste que tous les sys-
« tèmes ; et nous sommes bien aise aussi, nous l'a-
« vouons, que tous les systèmes ne soient pas en-
« tièrement absurdes. »

C'est parce que l'âme humaine est plus vaste que tous les systèmes, qu'il faut découvrir dans l'âme humaine les principes du vrai, du beau, du bien antérieurs et supérieurs à ces systèmes, afin d'expliquer rationnellement leurs anomalies. Si ces principes ne sont pas dans l'âme humaine, où donc seraient-ils ?

— Qu'est-ce que le vrai en principe ? Le vrai est invariable, éternel, impérissable malgré les erreurs de l'humanité, les explications plus ou moins satisfaisantes des philosophes et des savants de tous les temps ne sauraient lui porter la plus légère atteinte, car le vrai, c'est ce qui *est* dans la création, ou plutôt les lois de ce qui est ; tout ce qui *est* dans la création, obéit à des lois invariables, l'homme excepté.

La nature intime des choses est interdite, inutile à l'homme, mais il a la faculté de connaître les rapports nécessaires, c'est-à-dire le vrai, la loi, et de l'*utiliser* à son profit avec plus ou moins de bonheur, dans les industries si diverses qui font la gloire de l'humanité.

— Qu'est-ce que le beau en principe ? Il ne faut pas confondre le beau avec la beauté, la beauté varie suivant les temps, les lieux, l'âge, le sexe, les races, etc. Le beau est invariable, éternel, malgré les aberrations, les abus de l'art, malgré les explications plus ou moins satisfaisantes des philosophes, des artistes et des savants, car le beau consiste dans les sentiments supérieurs, existant en *germe* chez tous les hommes, sentiments secondant les desseins du Créateur; sentiments dont nous nous occuperons spécialement dans notre travail sur le beau, nous bornant ici à dire qu'ils sont l'antipode de l'égoïsme. C'est sur ces sentiments que reposent les grands principes de l'humanité, c'est ce beau incarné dans les œuvres d'art qui immortalise ces œuvres, c'est ce beau qui poétise la nature hors nous.

Le beau est un autre aspect du vrai, la splendeur du vrai, pour ainsi dire, en ce sens que c'est le vrai dans ses rapports avec le Créateur, le vrai reposant sur le sentiment, c'est en quelque sorte la contre-empreinte du vrai divin, tandis que le vrai, qui repose sur l'intelligence ou l'aptitude à connaître, est le vrai dans ses rapports avec la création.

Connaître, c'est aller de la cause à l'effet, découvrir les rapports nécessaires; l'intelligence de l'homme, dans ses rapports avec le Créateur, ne connaît pas les rapports nécessaires, elle fait mieux, elle en a le sentiment.

— Qu'est-ce que le bien en principe? Quelle que soit la morale des sociétés humaines à telle ou telle époque et les explications plus ou moins satisfaisantes des philosophes et des savants, le bien invariablement partout et toujours, c'est l'acte conforme aux sentiments supérieurs de notre nature, sentiments, nous l'avons dit, secondant les desseins du Créateur.—Le mal, qu'il ne faut pas confondre avec le malheur, invariablement partout et toujours, est l'acte contraire à ces sentiments. Les satisfactions et les remords de la cons-

6

cience[1] prouvent que les germes du bien sont en nous.

La morale varie dans les sociétés, suivant que les sentiments supérieurs sont plus ou moins développés ; si ces sentiments n'existent qu'à l'état de germe, la morale n'est qu'un égoïsme raffiné ; et la conscience un vain mot. Comment la conscience existerait-elle, les sentiments sur lesquels elle repose n'existant qu'à l'état de germe ?....

Tout ce qui est sorti de l'activité humaine : sciences, beaux-arts, industries diverses, législation, etc... a sa justification ou sa condamnation dans les éléments intellectuels que nous avons essayé brièvement d'analyser ; éléments qui reposent sur la double lumière de l'âme, aptitude à connaître et sentiments supérieurs.

Le progrès, pour les individus comme pour les sociétés, consiste à se rapprocher sans cesse de cet idéal du vrai, du bien du beau, afin de transformer ce qui est en ce qui devrait être.

Mais c'est surtout la notion du beau, reposant sur les sentiments supérieurs de notre nature, que la philosophie doit mettre en toute évidence ; et c'est là qu'est l'importance de la révolution philosophique existant en germe, avons-nous dit plus haut, dans l'acoustique musicale.

---

1. « C'est aux solitudes de la conscience que se passent les « plus suaves mystères de l'homme. Là se réfugient l'innocence « méconnue, la faiblesse opprimée, le malheur immérité : là « tombent les larmes pures et les larmes vengeresses ; et nul « temple, si saint qu'il soit, nul sanctuaire, si bénit qu'il ait été, « n'est aussi proche de Dieu que la conscience du juste, et sur- « tout du juste malheureux ! » (LACORDAIRE.)

Sans la notion du beau, la science est en effet incapable de réaliser le progrès, c'est facile à comprendre : l'homme est un animal, et même inférieur sous quelques rapports à certains animaux, mais cet animal a une âme ou principe intelligent qui possède deux lumières : aptitude à connaître et sentiments supérieurs, là est la véritable supériorité de l'homme sur la création entière. L'homme, a dit un écrivain célèbre, est une intelligence servie par des organes ; distinguons : si les germes d'intelligence et de sentiment (vrai, bien, beau) sont développés parallèlement et en équation, l'homme est en effet une intelligence servie par des organes, organes plus ou moins satisfaisants. Si, au contraire, les instincts de l'animalité sont seuls développés à l'exclusion, non pas de l'intelligence (aptitude à connaître), mais à l'exclusion des sentiments du beau et du bien, la définition n'est plus exacte, l'homme alors est un animal servi par une intelligence, animal présentant le phénomène le plus incroyable de la création, car il emploie son intelligence à obscurcir la notion du beau et du bien, il renverse le problème, le bien n'est plus l'acte conforme aux sentiments supérieurs, c'est l'acte conforme aux instincts de l'animalité. Le beau c'est le beau qui s'adresse aux sens, etc., etc. Son intelligence lui sert à pervertir, vicier sa nature supérieure au profit de l'animal, et le mal physique et moral surgit dans la société avec l'égoïsme ; la décadence des peuples fameux de l'antiquité n'a pas d'autre cause ; après avoir atteint le progrès matériel, ils se sont animalisés et ont descendu l'échelle, c'est que le progrès matériel est lié au progrès moral, différemment les desseins de l'homme prévaudraient sur ceux du Créateur.

L'homme de tous les temps a laissé dans l'ombre des sentiments supérieurs qui l'obligent au devoir ; il abdique volontiers sa nature supérieure, afin de n'être qu'un animal intelligent.

La philosophie ne doit pas être complice de cette perversion naturelle à l'homme, en laissant dans le vague de la métaphysique la notion du beau et du bien [1] ; elle doit placer ces notions au-dessus des faits accomplis, au-dessus des réalités de la vie, dans le domaine de l'invariable, dans les profondeurs de l'âme humaine ou principe intelligent.

L'acoustique musicale, nous ne saurions trop le redire, contient en germe une révolution des plus importantes en philosophie. Pourquoi ? Parce qu'elle met en évidence la double lumière de l'âme, l'aptitude à connaître, explorant les capacités esthétiques.

Double intelligence que la différence radicale qui existe entre l'intelligence du savant et l'intelligence du musicien suffirait à défaut d'autre preuve pour mettre en toute évidence.

Si la psychologie, science de l'âme ou du principe intelligent, n'embrasse pas ces deux aspects de l'in-

1. L'Académie des sciences morales et politiques a mis au concours, en 1857, la question suivante : rechercher et déterminer les principes de la morale considérée comme science.

Les concurrents auront à signaler les principes qui divisent les orateurs les plus accrédités de philosophie morale, et à examiner quels sont, de ces principes, ceux sur lesquels la science de la morale peut être solidement établie.

telligence; il y a désaccord, lutte dans le principe intelligent lui-même, et la raison humaine ne peut que chanceler dans les questions du beau, du bien, et aboutir rationnellement à nier le bien, le beau, l'art. Les sciences, telles que je les comprends, a dit un rationaliste célèbre, sont la négation de l'art et de la religion; en effet, dès que le principe intelligent correspondant au beau et au bien n'existe qu'à l'état de germe, mieux vaut le supprimer, c'est rationnel, du moins en apparence, c'est le faux rationalisme.

Au contraire, qu'il y ait accord entre les deux lumières de l'âme, ou plutôt qu'elles soient développées parallèlement et en équation, le rationalisme dans les questions du bien et du beau est la résultante de la double lumière de l'âme.

Ainsi pour ne pas sortir de notre sujet, malgré la science, le génie même des hommes qui ont cherché à expliquer la musique sans tenir compte des capacités esthétiques de l'ouïe, à quoi ont abouti leurs travaux, leur grande intelligence?

A expliquer les rapports de la musique avec la science, rapports plus ou moins curieux, intéressants, mais dont rien ne démontre la nécessité, car il n'y a de nécessaires que les rapports dérivant de la nature des choses. Voyez le temps et l'intelligence dépensés en pure perte, et le temps qu'on fait perdre inutilement aux autres pour étudier une science qui ne correspond point à l'art.

De même, pour la théorie du beau et du bien, avec l'une des deux lumières de l'âme, on arrive à une notion du bien et du beau plus ou moins satisfaisante, mais non pas à la notion reposant sur des rapports nécessaires dérivant de la nature des choses.

C'est que l'âme est un double foyer de lumière; supprimez l'une des deux lumières et le côté qu'elle éclairait est dans les ténèbres; partout où ces deux lumières sont d'accord se trouve une vérité immuable; au contraire, tout ce qui est directement opposé à cet accord dans la question du beau et du bien est une erreur évidente. C'est sur cet accord, je le répète, que devrait reposer logiquement le rationalisme, car cet accord est le point harmonieux, lumineux de notre intelligence.

Aussi, pour mettre en plus d'évidence ce double foyer de lumière, je refais en deux parties : *Éléments d'acoustique* musicale au point de vue de l'art et au vue du beau, un travail un peu confus, publié en 1858, *Essai esthétique*, et un autre travail, *Origine de la gamme*, publié en 1852.

FIN.

Gamme de M. Fétis, directeur du Conservatoire de Bruxelles.

I

En 1852, j'ai publié une brochure sous le titre modeste, *Origine de la gamme*, contenant : 1° les éléments de l'acoustique musicale que je présente aujourd'hui, chapitres A, B, C, D, E, avec les développements convenables ; 2° les éléments du système moderne.

Dans l'introduction, je disais que la théorie de l'art était à créer, malgré les nombreux travaux connus, je voulais simplement dire que la science qui *connaît*, explique, ne correspondait pas à l'art.

M. Fétis père adressa deux longs articles à la *Revue et Gazette musicale*, pour attaquer violemment mon travail, qu'assurément il n'avait pas lu, car il me fait dire quelquefois le contraire de ce que j'ai dit.

Après un si long temps, je ne reviens sur ces deux articles que pour signaler une erreur grave de M. Fétis, au sujet d'une gamme qu'il dit être la gamme du système moderne, gamme dont tous les tons seraient égaux dans les rapports $\frac{8}{9}$ et les demi-tons dans les rapports $\frac{243}{256}$ [1].

---

1. « Çependant j'ai fait voir en vingt endroits, dit M. Fétis,

Examinons cette gamme au point de vue des principes : 1° quels sont les éléments de cette gamme? M. Fétis ne les donne pas. Lorsque nous aurons rangé par ordre les intervalles élémentaires de cette gamme, d'après la tonalité du système moderne, nous verrons bien si toutes les secondes sont dans le rapport de $\frac{8}{9}$, et les intervalles *mi fa* et *si ut* dans les rapports de $\frac{243}{256}$; 2° à juger sur l'apparence, tous les tons étant égaux, ce doit être une gamme tempérée; or, dans notre système, ce sont les instruments à son fixe qu'on tempère et non la gamme, avant de s'occuper du tempérament, faut-il avoir découvert la gamme

« que l'erreur de tous les géomètres provient de ce qu'ils ont con-
« fondu la tonalité ancienne avec celle de la musique moderne, et
« de ce qu'ils n'ont pas vérifié la nature vraie des tierces de
« celle-ci. S'ils avaient fait cette vérification avec une connaissance
« suffisante des nécessités attractives de l'harmonie, dissonante
« naturelle qui constitue essentiellement cette tonalité, ils au-
« raient vu que les nombres 1, 2, 3, 4 seulement, sont rigoureu-
« sement exacts, et donnent les proportions en quelque tonalité
« que ce soit, de l'octave, de la quinte et de la quarte; ils au-
« raient acquis la conviction que le nombre 5 n'est pas l'expres-
« sion vraie de la tierce majeure; que l'inégalité des tons majeurs
« et mineurs engendrée par ce chiffre n'a qu'une basse fausse et
« que tous les tons de la gamme sont égaux dans les rapports
« de 8 : 9; enfin que le chiffre 5, d'où l'on tire ces tons inégaux
« représentés par les rapports 8 : 9; 9 : 10, est aussi l'origine du
« demi-ton exprimé par le rapport 15 : 16, qui n'est pas notre
« demi-ton attractif *mi*, *fa* et *si*, *ut*, lequel ne peut être repré-
« senté que par la proportion exacte 243 : 256, ou approximati-
« vement 24 : 25. J'ai fait voir dans mon *Esquisse de l'histoire*
« *de l'harmonie*, à quelles aberrations la forte tête d'Euler s'est
« laissé entraîner par cette fausse idée des degrés de suavité aux-
« quels s'élève le beau, harmonieux de la musique, en raison de
« la simplicité numérique des sons, etc., etc. »

(*Revue et Gazette musicale de Paris*, 19 juin 1853, p. 217.)

vraie ; 3° les intervalles de cette gamme sont renouvelés du Grec Eratosthène (extrait des manuscrits de la bibliothèque nationale, t. XVI, 2ᵉ partie, p. 393).

En tous cas, la gamme de M. Fétis n'est certainement pas la gamme du système moderne, elle n'a pas de sensible ou plutôt elle en aurait deux, les intervalles *mi fa* et *si ut* étant semblables. Aussi n'y a-t-il pas lieu de discuter sérieusement cette gamme, malgré l'autorité du patronage, l'apparence suffit pour la repousser sans autre examen.

M. Fétis parle d'ailleurs des tons de la gamme, comme s'il y avait plusieurs intervalles de secondes, et deux demi-tons, il y a évidemment confusion dans son esprit à ce sujet. S'il avait lu le travail qu'il a si violemment attaqué, il aurait vu qu'il n'y a qu'un intervalle de seconde dans la gamme, c'est l'intervalle élémentaire *ut ré*[1] ; et un demi-ton *si ut*.

Les intervalles élémentaires du système moderne. se réduisent à cinq :

Une quarte. . . . . . *ut* . . . . *fa*
Une tierce majeure. *ut* . . *mi*
Une seconde . . . . *ut* . *ré*

Dans l'ordre descendant :

Un demi-ton. . . . . . *si* *ut*
Une tierce. . . . . . *la* . *ut*
Une quarte. . . . *sol.* . . *ut*

Ré mi n'est pas un intervalle élémentaire, c'est évident, ce n'est que la différence de la seconde, ut ré

---

1. J'emploie les noms usuels pour faciliter l'explication, car il n'y a ni *ut* ni *ré* dans la nature.

à la tierce, ut mi, *mi fa*, différence de la tierce ut mi, à la quarte ut fa.

Le tétracorde descendant étant renversé : *fa sol*, n'est que la quarte renversée. *Sol la* n'est pas davantage un intervalle élémentaire, ce n'est que la différence de la quarte, *sol ut* à la tierce, la ut. *La si*, différence de la tierce la ut, au demi-ton, *si ut*.

Dès qu'il s'agit de principes, il ne faut s'occuper que des intervalles élémentaires, les autres intervalles non élémentaires, si variés qu'ils soient, étant engendrés directement ou indirectement par ceux-là, par renversement, contact, etc. [1].

Assurément dans la pratique il importe fort peu à l'exécutant de savoir si dans le système moderne les demi-tons, mi, fa et si, ut, sont dans les rapports $\frac{15}{16}$, comme l'indiquent les traités de physique, ou dans les rapports $\frac{243}{256}$, comme le prétend M. Fétis, ou bien si l'intervalle de la sensible à la tonique est dans les rapports de $\frac{16}{17}$, comme je l'assure. L'oreille de l'exécutant le guide, il fait les tons et le demi-ton de la sensible à la tonique, comme ils doivent être faits d'après la tonalité du système, sans s'occuper des explications théoriques.

Mais, dès qu'il s'agit d'expliquer scientifiquement la gamme, il faut la démonter pour ainsi dire pièce à pièce, afin d'y découvrir les éléments du système sous ces deux aspects : harmonie et mélodie.

---

1. Il y a deux sortes d'intervalles, les intervalles élémentaires et les intervalles non élémentaires, c'était évident, et pourtant, personne, que je sache, n'a fait cette distinction.

La décomposition de la gamme permet de constater : 1° que la mélodie et l'harmonie proviennent de la même source, c'est-à-dire de l'intervalle musical (voir, chapitre B, la définition de l'intervalle); bien mieux ces éléments sont identiques à la source, à ce point que les cinq intervalles élémentaires du système rangés simplement par ordre d'acuité d'après la tonalité du système (c'est-à-dire dans l'unité avec un son x pris pour tonique) suffisent pour former par leur *contact* une mélodie ' monotone appelée gamme. 2° Que la composition des accords, les lois de succession et de résolution, etc., ont leur raison d'être dans les intervalles divers de la gamme. 3° En comparant les éléments de la gamme moderne aux éléments de la gamme du plain-chant (chapitres Ier et II) on peut vérifier ce fait vraiment incroyable, que c'est à l'introduction de ce petit intervalle de demi-ton (sensible à la tonique, rapport 16 à 17) qu'il faut attribuer la transformation du système moderne à partir de Monteverde. Que ce musicien de génie ait deviné l'attraction des sons en employant les accords dissonants sans préparation, ou bien que l'emploi des accords dissonants sans préparation, ait obligé les musiciens à introduire ce petit intervalle de sensible à la tonique, afin de rendre plus évidente, la relation des sons, l'attraction des sons ', toujours est-il que

1. Le chœur des Moines, dans la *Favorite* (introduction) est tout simplement la gamme en montant et en descendant.

2. A ce moment il y a eu dans le système deux éléments de dissonance : l'intervalle de seconde et l'intervalle de demi-ton, aussi l'attraction des sons a-t-elle dû être plus accentuée.

l'introduction de ce petit intervalle a révolutionné le système, passionné, mouvementé la musique et engendré le rhythme moderne, conséquemment le drame lyrique moderne...

Mais, dira-t-on, d'où vient donc la gamme, quelle est son origine pour qu'on y puisse constater toutes ces choses?... L'origine de la gamme est dans les œuvres mêmes du système; j'ai analysé les intervalles élémentaires, la partie invariable des œuvres du système, j'y ai trouvé cinq intervalles élémentaires, engendrant tous les autres directement ou indirectement, par renversement, contact, etc., de plus j'ai constaté que la relation des sons, émis successivement ou simultanément, avait été comprise dans l'unité, c'est-à-dire que, dans les œuvres du système, tous les sons convergent vers un son applé tonique.

Par suite de ces observations, j'ai eu l'idée bien simple de ranger les cinq intervalles élémentaires autour d'un son x pris pour tonique. De la sorte la gamme contient réellement les éléments du système; que le système change et la gamme modifiera ses éléments.

Que j'aie incomplétement analysé les éléments du système dans les œuvres du système, toujours est-il que j'aurai le mérite d'avoir découvert le point de l'horizon à explorer pour découvrir les bases théoriques du système moderne.

La gamme résume le système, en contient les éléments, c'est dans la gamme qu'on doit trouver la théorie complète rationnelle du système moderne (éléments de l'harmonie et de la mélodie).

A moins pourtant que la gamme ne contienne pas les éléments du système, et alors que serait-ce donc que ce sphynx appelé gamme? ou bien encore que le système ne repose pas sur des éléments, c'est-à-dire, quelque *chose d'invariable*.

I I

Un mot maintenant dans l'intérêt de la science nouvelle.

La musique ou plastique de l'ouïe a sa science propre, indépendante des sciences physiques, mathématiques, etc., etc.; mais, pour que cette science puisse légitimement prendre rang parmi les sciences, faut-il avant tout l'établir sur des bases invariables, et surtout ne pas confondre, comme on le fait fréquemment, les éléments de l'acoustique musicale et les éléments de tel ou tel système de musique. L'art étant créé par l'homme, je l'ai déjà dit, c'est dans l'homme qu'il faut découvrir les éléments antérieurs et supérieurs aux systèmes de musique, et l'acoustique musicale s'occupe de ces éléments, puisqu'elle repose sur les capacités esthétiques de l'ouïe.

Tandis que les éléments du système moderne ou de tout autre système reposent sur l'analyse des œuvres du système.

Pour analyser les œuvres du système moderne, il faut être musicien; l'analyse des capacités esthétiques de l'ouïe se rattache à la psychologie.

Cette double condition imposée au théoricien d'être

musicien et observateur intelligent, explique la difficulté que présente la science correspondant à l'art. Il faut être musicien, disons-nous, mais comme la musique est un art de sensation, de sentiment, si le sentiment musical pratique est trop développé, l'analyse est impossible, différemment les plus grands musiciens seraient aussi les meilleurs théoriciens.

L'aptitude à connaître et le sentiment, ces deux lumières de l'âme, doivent être en équation, afin de permettre au théoricien de saisir la liaison, la relation de ces deux lumières; différemment l'une des deux lumières absorbe, annihile l'autre.

D'autre part, l'art musical, considéré simplement dans le système moderne, est si vaste que nul homme, si extraordinaire soit-il, ne pourrait l'embrasser pratiquement et théoriquement dans toutes ses parties, une vie d'homme suffit à peine pour étudier à fond un des côtés de l'art moderne, les autres côtés lui seront nécessairement moins connus : ainsi M. Fétis est harmoniste, musicien consommé, érudit, etc.; assurément à ces divers points de vue je n'ai pas la prétention de me comparer à lui; mais, par exemple, j'ai étudié spécialement le son musical, surtout la voix chantée, et lorsqu'un homme dirige son intelligence sur un point spécial quinze ou vingt ans sans y être obligé, il doit nécessairement y découvrir bien des choses échappées à des esprits supérieurs.

Pour étudier sérieusement la voix au point de vue de l'art, la voix qui par sa nature propre manifeste les sentiments de l'homme à l'homme sans le secours des idiomes, nous l'expliquerons dans notre travail sur le beau; il faut bien étudier l'homme, faire en quelque sorte un cours complet de philosophie; puis découvrir, dégager les éléments du système dans les œuvres du système. Comment, en effet, étudier sérieusement un côté quelconque de l'art, créé par l'homme, sans remonter aux principes, aux éléments?....

— Et c'est précisément à cause des difficultés nombreuses que présente la science correspondant à l'art, qu'il est indispensable de ne s'attacher qu'aux principes, et de s'occuper tout d'abord à les bien établir; différemment on perd son temps, on use son esprit dans les détails, la partie variable des choses, et il n'y a pas de science possible en dehors de l'invariable des choses; l'érudition même en dehors de l'invariable des choses ne fait qu'augmenter la confusion des esprits; *l'homme est devant vous, observez-le avec intelligence. Les œuvres sont sous vos yeux*, dégagez-en la partie invariable, les éléments. En dehors de ces conditions les discussions sur la musique n'engendrent que le chaos scientifique.

La science de la musique ou plastique de l'ouïe est en nous, elle dérive de notre nature; lorsque cette science se manifeste elle a un nom, son nom c'est l'art. La science qui *connaît*, explique, se borne à constater, découvrir cette science innée en nous. Possédez-vous la science innée, ou plutôt cette science innée est-elle largement développée en vous? Prouvez-le en découvrant des capacités esthétiques de l'ouïe échappées à mon observation. Êtes-vous musicien? Montrez que vous possédez non-seulement la lettre, mais l'esprit des œuvres du système moderne, en dégageant de ces œuvres les éléments du système plus rationnels que ceux contenus dans les chapitres Ier, II et III.

C'est la seule manière de prouver la supériorité de son intelligence ou aptitude à *connaître*, appliquée à la musique ; comme la seule manière de prouver son génie musical est de créer des chefs-d'œuvre, correspondant à la nature supérieure de l'homme, à la partie invariable, intime de cette nature, plutôt que de s'attacher à de puérils effets de sonorité.

Les éléments de la science correspondant à la musique étant bien établis et acceptés par les artistes, la théorie de l'art dans toutes ses parties se fera avec le temps et le concours de tous, chacun dans sa spécialité fournira une pierre à l'édifice. Au contraire, les éléments de la science corespondant à l'art, n'étant pas solidement établis, n'existant pas par leur virilité propre, les travaux de chacun continueront à rester dispersés sans profit pour la théorie de l'art.

TABLE DES MATIÈRES

PHILOSOPHIE DE L'ART.

POST-SCRIPTUM.

PARIS. — IMP. V. GOUPY, RUE GARANCIÈRE, 5.

www.ingramcontent.com/pod-product-compliance
Ingram Content Group UK Ltd.
Pitfield, Milton Keynes, MK11 3LW, UK
UKHW020923140726
13695UKWH00003B/942